Marinus van der Lubbe und der Reichstagsbrand

*Aus dem Niederländischen übersetzt und
herausgegeben von Josh van Soer*

Publiziert bei

Edition Nautilus

Editorische Notiz: Das mit dieser Ausgabe erstmalig vollständig in einer deutschen Übersetzung vorliegende historische Dokument wurde 1933 vom „Internationaal van der Lubbe-Comité" unter dem Titel „Roodboek. Van der Lubbe en de Rijksdagbrand" zur Verteidigung Marinus van der Lubbes publiziert.

Bei der vorliegenden Ausgabe wurde darauf Wert gelegt, der holländischen Originalveröffentlichung formal wie inhaltlich zu entsprechen. Mögliche Versäumnisse der Autoren bei der Redaktion zur Originalausgabe wurden nicht nachträglich korrigiert. Einige für das heutige Verständnis notwendig erscheinende Erläuterungen von Begriffen und Anspielungen sind als Anhang dem Original beigegeben, versehentliche Auslassungen wurden durch Angaben in [ ] ergänzt.

Das im „Rotbuch" enthaltene Tagebuch wie auch die Briefe van der Lubbes wurden streng dem Original folgend übertragen und die stilistischen Eigentümlichkeiten ihres Verfassers wurden beibehalten, insbesondere die geographische Orthographie. Nur offentsichtliche Schreibfehler wurden berichtigt.

Für ihre Hilfe bei der Realisierung dieser Ausgabe danken Herausgeber und Verlag namentlich Cajo Brendel, Tina Huber-Hönck, Camilla Jänecke, Hans Lenzen, Elga v. Leusden, Helmut Schöbel, Tjebbe van Tijen, der Universitätsbibliothek Amsterdam.

Deutsche Erstausgabe
Edition Nautilus
Verlag Lutz Schulenburg
Hassestr. 22 — 2050 Hamburg 80
Alle Rechte vorbehalten
1. Auflage 1983
ISBN: 3921523-68-0
Printed in Germany

Door socialisten en communisten verraden.
Door de facisten vermoord.

VORWORT

Noch in der Nacht des Reichstagsbrandes am 27. Februar 1933 begannen die Spekulationen, ob Marinus van der Lubbe ganz allein, in Zusammenarbeit mit den Nazis oder mit den Kommunisten den Brand gelegt haben könnte. Bereits zwei Monate später erschien in Paris das „Braunbuch", dessen Auflage mehrere hunderttausend Exemplare betrug und das in 17 Sprachen übersezt wurde. Herausgeber waren führende Mitglieder der KPD. Zum einen befaßte sich das „Braunbuch" mit der Aufklärung und Darstellung von Greueltaten, die durch die Nazis geplant und begangen wurden. Zum anderen war es eine diffamierende Kampagne gegen den niederländischen Rätekommunisten Marinus van der Lubbe. Es geht hieraus hervor, daß Marinus van der Lubbe im Auftrag oder wenigstens nach Absprache mit den Nazis gehandelt haben mußte. Außerdem wurde aus Marinus van der Lubbe ein homosexueller Lustknabe, ein Sympathisant des Faschismus und ein Antisemit gemacht.

Aus Protest gegen das „Braunbuch" entstand in den Niederlanden 1933 das „Roodboek"(„Rotbuch"), zusammengestellt von einigen Freunden van der Lubbes, die wie er Rätekommunisten waren. Dieses „Rotbuch" wurde u.a. auf Märkten für 10 Cent pro Stück verkauft. Leider hat es nicht dieselbe Aufmerksamkeit wie das „Braunbuch" bekommen, so ist es dann auch bezeichnend, daß das „Rotbuch" erst jetzt, 50 Jahre später, in Deutschland übersetzt und veröffentlicht wird.

Marinus van der Lubbe wurde am 13. Januar 1909 in Oegstgeest (Niederlande) geboren. Seine Mutter starb, als er 12 Jahre alt war, die Eltern waren geschieden, so wuchs Marinus in der Familie seiner Halbschwester auf. Nachdem er die Volksschule beendet hatte, arbeitete er als Maurer, besuchte abends noch Lehrgänge. Wegen seiner körperlichen Stärke wurde er von seinen Freunden „Dempsey" genannt, nach dem berühmten amerikanischen Boxer. Auf seiner Arbeitsstelle kam Marinus van der Lubbe in Kontakt mit der Arbeiterbewegung. 1925 wurde er Mitglied in der Jugendorganisation der Kommunistischen Partei Holland (CPH), in der er zu den Aktiven gezählt wurde. Nachdem er während der Arbeit Zement ins Auge bekommen, Monate im Krankenhaus verbracht hatte und trotz Operation fast erblindete, konnte er nicht mehr als Maurer arbeiten und erhielt eine Invalidenrente in Höhe von 7,44 hfl die Woche. Weil er davon nicht leben konnte, war er gezwungen, mit Gelegenheitsjobs etwas dazu zu verdienen.

1927 zog er, nach politischen Konflikten mit seiner Schwester nach Leiden, wo er ein wenig deutsch lernte und das sogenannte „Leninhaus" gründete. Dort organisierte er u.a. Vorträge und Treffen. Während seines Aufenthaltes in Leiden kam es zu Auseinandersetzungen mit der Polizei und der Sozialbehörde. 1930 warf er bei der Sozialbehörde Scheiben ein und bekam dafür zwei Wochen Arrest. Marinus begann, die Politik der CPH zu kritisieren, die er für nicht genug radikal und kämpferisch hielt. Er trat aus der Partei aus und wurde Anhänger der GIC „Groepen van Internationaale Communisten" (Rätekommunisten). Diese Strömung befürwortete direkte Aktionen statt parlamentarischer Aktivitäten und kritisierte die linken Parteien und die Gewerkschaften als Interessengruppen ihrer Bürokraten.

Marinus van der Lubbe wurde in Leiden ein bekannter Agitator unter den Arbeitslosen und setzte sich besonders für ihre Selbstorganisation ein. Konsequenz: 1931 und 1932 wurde er wegen Widerstandes und Sachbeschädigung nochmals verurteilt und bekam eine Woche bzw. drei Monate Gefängnisstrafe.

In den Jahren 1928–1932 ist er wiederholt auf Wanderschaft durch Europa. In dieser Zeit ist auch das hier abgedruckte Tagebuch entstanden. Als Marinus dann schließlich am 18. Februar 1933 erneut in Berlin ist, versucht er, Arbeitslose und Arbeiter zum Protest gegen die Machtübernahme der Faschisten zu mobilisieren, was ihm aber nicht gelingt; er wird nicht verstanden. Er versucht, am 25. Februar das Wohlfahrtsamt Neukölln und das Berliner Rathaus anzuzünden. Diese Brände werden sofort entdeckt und gelöscht.

Am Abend des 27. Februar 1933 brennt der Deutsche Reichstag, van der Lubbe wird auf frischer Tat ertappt: Teile seiner Kleidung als brennende Fackel hinter sich herschleifend, ist er durch das Gebäude gerannt. Noch bei seiner Verhaftung erklärt er, daß er die Brandstiftung ganz allein unternommen habe, um die deutsche Arbeiterschaft zum Widerstand gegen die kapitalistische Herrschaft und die faschistische Machtergreifung aufzurufen!

Am 23. Dezember 1933 wird van der Lubbe durch das Reichsgericht in Leipzig für schuldig befunden und unter Anwendung einer erst nach seiner Brandstiftung erlassenen Verordnung zum Tode verurteilt. Reichspräsident Hindenburg lehnt eine Begnadigung ab. Am 10. Januar 1934 wird Marinus van der Lubbe hingerichtet, geköpft. . .

1967, 33 Jahre nach seinem Tod, verurteilte ihn das Berliner Landgericht unter Aufhebung des vormaligen Todesurteils in einem neuen Verfahren zu acht

Jahren Zuchthaus, das Landgericht Berlin sprach ihn 1980 frei. Gegen dieses Urteil legte der Staatsanwalt Berufung ein, und daraufhin wurde 1982 entschieden, daß das Wiederaufnahmeverfahren von 1967 nicht zulässig sei, weil es in der Bundesrepublik Deutschland kein Nachfolgegericht für das damalige Reichsgericht gebe. Der ehemalige Ankläger im Nürnberger Kriegsverbrecherprozeß, Robert Kempner, hat im Auftrag von Marinus van der Lubbes Bruder, am 25. Februar 1983 ein Wiederaufnahmeverfahren beim Bundesgerichtshof beantragt. Am 26. Februar 1983 versprach der Justizminister Engelhardt, aus Anlaß des 50. Jahrestages der nationalsozialistischen Machtergreifung, die Urteile des damaligen Volksgerichtshofes und die der Sondergerichte aus dem zentralen Strafregister streichen zu lassen. Alle anderen Urteile aus der NS-Zeit bleiben aber rechtskräftig!

Dr. Josh van Soer

ROODBOEK

■

VAN DER LUBBE EN DE RIJKSDAGBRAND

■

PUBLICATIE VAN HET INTERNATIONAAL VAN DER LUBBE-COMITÉ

INTERNATIONAAL UITGEVERSBEDRIJF
AMSTERDAM

EINLEITUNG

Während die ganze Welt von dem Reichstagsbrand spricht und der Name Marinus van der Lubbe auf jedermanns Lippen ist, erscheint dieses „Rotbuch" als eine Publikation des Internationalen Van-der-Lubbe-Komitees.

„Die Welt spricht davon" will hier heißen, daß man ohne genaue Angaben darüber redet, darüber schreibt, ohne die Tatsachen zu kennen, oder diese Angaben verfälscht und verstümmelt, wodurch ein ganz und gar falsches Bild entsteht.

Es wurden nämlich von Parteien, Personengruppen und Kommissionen sogenannte Untersuchungen durchgeführt, die diese Angelegenheit alle ohne Ausnahme zum eigenen Nutzen mißbrauchten.

Auf gröbste Weise ist das durch die Verfasser des „Braunbuches" geschehen, aus welchem alle antiproletarischen Mächte mit Freuden zitieren, um zu versuchen, van der Lubbe und seine Sache, die Sache der Arbeiterrevolution, zu kompromittieren.

In einem außergewöhnlich geschickt zusammengesetzten Aufsatz haben die Braunbuch-Journalisten mit Hilfskräften, die ihre „Ausbildung" in der nach Schweinerei stinkenden diplomatischen, juristischen und sog. wissenschaftlichen kapitalistischen Welt bekommen haben, versucht, van der Lubbe durch die Konstruierung finsterer „Beweise" als einen „Provokateur" hinzustellen und ihre eigene konterrevolutionäre Rolle zu verbergen.

Die anderen Publikationen (in der Presse), vom Drang nach sensationellen Schlagzeilen bestimmt, lassen wir, was sie sind, da die „Untersuchungen" von dieser Seite für einen ernsthaften Menschen, für eine

Einsicht in die Sache selbstverständlich nicht in Betracht kommen.

Es geht hier nicht um die Sache von van der Lubbe, es geht hier um eine Sache des *proletarischen Weltinteresses*.

Nur eine proletarische Untersuchung ist also in der Lage, die Wahrheit über den revolutionären Proletarier van der Lubbe, den Reichstagsbrand, die Motive der Tat und das Arbeiterinteresse daran zum Vorschein zu bringen.

Dieses Rotbuch hat also zwei Absichten: einerseits soll durch die Veröffentlichung von Dokumenten, Erklärungen sowohl von Geistesverwandten, als auch von politischen Gegnern van der Lubbes die feige Verleumdungskampagne, die antiproletarischen Absichten und die falschen „Beweise" des „Braunbuches" entlarvt und bewiesen werden, wobei sich gleichzeitig die politische Zuverlässigkeit von Marinus van der Lubbe unumstößlich feststellen läßt. Andererseits müssen die Tatsachen, die das Van-der-Lubbe-Komitee in loyaler Zusammenarbeit ausschließlich mit Arbeitern gesammelt hat, auch vom proletarischen Gesichtspunkt aus beleuchtet werden und von der Verwertung und Verdrehung für ein sensationslüsternes Bürgertum gesäubert werden, so daß bei einem Vergleich mit dem auf der anderen Seite Publizierten der Arbeiterklasse ein deutliches Bild ermöglicht wird. Und hierdurch ist das „Rotbuch" geprägt!

Die Redaktion des Rotbuches

N. B. Briefe und andere Schriftstücke sind der Authentizität zuliebe, auch wo *Undeutlichkeiten u. ä. vorhanden sind*, ohne Änderung aufgenommen.

VORWORT

Es muß auf den ersten Blick merkwürdig anmuten, daß revolutionäre Proletarier der Welt eine Schrift vorlegen, die sich gegen das Braunbuch richtet.

Denn schließlich ist das Braunbuch eine Anklage gegen den Nationalsozialismus, eine Dokumentation der Verbrechen des Hitlerismus — hätten sich die Verfasser des Braunbuches darauf beschränkt, wäre für uns kein Grund zum Eingreifen vorhanden gewesen. Denn es kann von Nutzen sein, wenn „Internationale Schriftsteller von hohem Range" und andere Stützpfeiler unserer freundlichen, bürgerlichen Gesellschaft, darunter eine Lordschaft, beweisen und feststellen, aus was für einer Bande geschmierter Schurken ihre eigene Klasse besteht. Auf jeden Fall gibt es für uns keinen Grund, eine Schrift zu verfassen, wenn sich die besitzende Klasse unter sich um ihre Diebesbelange streitet und wir einen der Streitenden bei einer ansehnlichen Sammlung von Lügen ertappen. Das wäre außerdem ein hoffnungsloses Unterfangen, denn das sind täglich vorkommende Geschehnisse, gegen die wir unsere alltägliche Propaganda für die Arbeiterdemokratie des Kommunismus stellen.

Aber die Verfasser, die Initiatoren, die Herausgeber und alle anderen, sich hinter dem Internationalen Komitee zur Stütze der Opfer des Hitlerfaschismus versteckt haltenden Kräfte, beschränken sich nicht darauf.

Sie konnten sich nicht darauf beschränken, da sie selbst eine Blutschuld zu verbergen hatten.

Sie, die der deutschen Bourgeoisie gegenüber stehenden Bourgeoisien anderer Nationen, sind um kein Haar besser. Sie, die Henker der Pariser Kommunarden, die Schlächter der Charisten, verbergen mit ihrem heuchlerischen Protest gegen die Bestialitäten der Nazis ihre eigene verbrecherische Visage, maskieren damit vor den Massen ihre wahre Art. Und die vortrefflichen Führer der alten, hinfälligen Arbeiterbewegung, die Parteien und Gewerkschaften, die das deutsche Proletariat bis an den Rand der Hölle geführt haben und es allein hineinlaufen ließen, sind ihre ergebensten Diener. Auch sie können nicht anders, sie müssen ihre Lakaienposition hinter einem Vorhang von Lügen vor dem Proletariat verbergen.

Diese Führer stehen jetzt, nach ihrer schmählichen Entlassung durch ihre eigene Bourgeoisie und Ersetzung durch die Nazis, in einem Dienstverhältnis mit anderen Kapitalgruppierungen, Schulter an Schulter mit ihren ausländischen Kollegen, die noch geduldet werden, und führen einen Kampf gegen den *Hitler*-Faschismus. Gerade weil der Kampf nicht gegen alle Formen des Faschismus geht, sondern sehr speziell gegen den Faschismus, der durch die deutsche Bourgeoisie benutzt wird, kann das Braunbuch nicht nur eine Anklage gegen den Nationalsozialismus sein, sondern es mußte zugleich ein Propagandamittel für die weitere Faschisierung der noch sogenannten demokratischen Länder sein. Und so wird deutlich, warum all die Humanisten der Moskauer Internationale und die Sozialistische Arbeiter-Internationale, in Einheitsfront mit der gesamten übrigen bürgerlichen Welt, ihre giftigen Laster gegen Marinus van der Lubbe hartnäckig behaupten und das Braunbuch auch in dem Zeichen des Kampfes gegen die revolutionäre Idee setzen, Kampf gegen die Mündigsprechung der Arbeiterklasse, gegen das selbständige Auftreten des Proletariats, gegen den Mann, der sein junges Leben einsetzte, um den Schein der Parteidisziplin mit einer TAT zu zerschmettern!

Das ist es, was alle Herrscher, gleichgültig, was sie im übrigen trennt, gleichermaßen befürchten: das Auftreten eines völlig selbständig handelnden Proletariats.

Inzwischen geht die Kampagne gegen M. van der Lubbe und dadurch gegen die revolutionäre Idee weiter. Jetzt, während wir diese Einleitung schreiben, hat ein neues Schauspiel angefangen, und zwar ein Schauprozeß.

Unter den Zeugen, die gehört werden, war u. a. der sehr idealistische Polizeipräsident von Berlin, Herr Greszinski, ein Sozialdemokrat und der Mann, der den Einsatz von Panzern gegen demonstrierende Arbeiter einführte. Mit Hilfe von solchen Leuten soll von neuem die verleumderische Beschuldigung bewiesen werden, daß Marinus van der Lubbe ein Nazi-Provokateur sei.

Man wußte, daß dieser Inhalt des Braunbuches keine Wahrheit enthielt; man wußte, daß dieser Inhalt nicht der Kritik standhalten können würde und brauchte etwas Neues. Aber sogar diese ganze Komödie würde uns nicht berühren, denn es interessiert uns nicht, und es interessiert Marinus van der Lubbe nicht, wie das Bürgertum uns beurteilt, wenn es nicht so wäre, daß diese ganze Farce ein Versuch ist, die Bedeutung des Eintretens von van der Lubbe für das Proletariat zu verdrehen.

Aber es geht uns um das Proletariat. Das Rotbuch will darum keineswegs ein Versuch sein, um beim Bürgertum eine mildere Stimmung hinsichtlich van der Lubbe entstehen zu lassen. Die Verfasser dieser Schrift, die nicht wie die des Braunbuches die Mitarbeit von Künstlern und Intellektuellen aus aller Welt gehabt haben, die weder die Verfügung über die zahlreichen Unternehmen des Herrn Münzenberg hatten, noch über den Apparat und die Geldmittel der Zweiten und Dritten Internationale, noch über das Korps geheimer G.P.U.-Agenten, aber die, so gut wie ohne Mittel, das Material dieser Schrift zusammengetragen haben, stützen sich auf sehr kleine Gruppen von klaren, klassenbewußten, revolutionären Proletariern und appellieren mit dieser Schrift an das internationale revolutionäre Proletariat. Das will diese Schrift sein, ein Appell an das PROLETARISCHE GEWISSEN!

Wenn die Arbeiter die Argumente ruhig abwägen, dann fürchten wir ihr Urteil nicht. Wir wissen, daß das endgültige Urteil der Massen vernichtend für die Verräter und Betrüger sein wird, und daß das Urteil an dem Tag vollzogen wird, an dem die Arbeiterklasse nach dem Vorbild von Marinus van der Lubbe selbstständig in das gesellschaftliche Leben eingreifen wird, zur Verwirklichung ihrer eigenen Zielsetzung:

DES KOMMUNISMUS!

POLITISCHE BETRACHTUNGEN

Die enorme Zuspitzung der wirtschaftlichen Krise, die im Herbst 1929 einsetzte und die bis zum heutigen Tage immer tiefer greift und die Auflösung verstärkt, zwang den Kapitalismus international zu den äußersten Anstrengungen, die nationalen Einheiten vor einer völligen Vernichtung zu schützen. Ein Netzwerk von Zollmauern splitterte die Welt in scharf getrennte Nationalitäten auf, die sich hinter diesen ökonomischen Barrikaden verschanzten. Sogar die Länder, die in gewissem Sinne vor allem aus politisch-militärischen Interessen gezwungen waren, Verträge und Pakte abzuschließen, mußten gleichzeitig Schutzmaßnahmen zugunsten des nationalen Kapitalismus gegen ihre Bundesgenossen ergreifen. Diese einander widerstrebenden Tendenzen in der heutigen Periode der kapitalistischen Entwicklung verursachen das völlig unbeständige, verwirrende und unberechenbare Bild der heutigen internationalen, politischen und diplomatischen Konstellation.

Je stärker die Krise in das ökonomische Leben eines bestimmten Landes eingreift, um so stärker müssen auch die Maßnahmen sein, die dieses Land ergreifen muß, um wenigstens so lange wie möglich seine Existenz zu verlängern.

Die Klasse, die immer und immer wieder das eigentliche Opfer dieser Krise wird, ist die Arbeiterklasse. Die Krise zwingt die Bourgeoisie, in das Lebensniveau und in die Existenzsicherung der Arbeiterklasse fortwährend stärker einzugreifen. Mit rücksichtsloser Willkür, mit einem unvorstellbaren Zynismus wird das Lebensrecht der Arbeiterklasse untergraben. Nicht nur die Geißel der Arbeitslosigkeit sucht die Massen bereits seit Jahren heim, auch politisch sollen sie jetzt völlig unterdrückt und unterworfen werden.

Ein Anschlag nach dem anderen wird mit unerbittlichem Zynismus auf die Lebensmöglichkeit der Arbeiter verübt. Lohndruck, Arbeitslosigkeit, Senken der sozialen Leistungen, Steigen der Lebensmittelpreise, Nahrungsvernichtung, kurz, eine fast undenkbare Verelendung des Proletariats als Klasse ist das trostlose Bild dieser Zeit. Und daneben: die politische Entrechtung. Denn in ihrem Kampf um das Dasein, in ihren krampfhaften Versuchen, sich zu behaupten, kann die Bourgeoisie nicht zulassen, daß die Arbeiterklasse, wie schwach auch immer, für ihre Rechte eintritt. Sie muß vollkommen unterdrückt, unterworfen, ausgeschaltet werden.

Während der Periode des teilweisen Aufschwungs in den Jahren 1926-1929 konnte die Bourgeoisie ihren demokratischen Schein wahren. Das Schacherspiel von Geben und Nehmen zwischen Bourgeoisie und „Arbeiterorganisationen", wie Gewerkschaften, politischen Parteien usw., war ein sehr brauchbares Mittel, um die Arbeiterklasse, die des öfteren unter dem Druck der doch herrschenden Krise zu Äußerungen ernsten Widerstandes kam, ruhig zu halten, der Entwicklung revolutionärer Tendenzen entgegenzuwirken und sie abzulenken. An diesem verbrecherischen Spiel, vor dem die revolutionärsten Teile des Proletariats immer mit Nachdruck gewarnt hatten, tragen alle sog. Arbeiterorganisationen mit Schuld.

Zwei der mächtigsten Waffen, über die die Bourgeoisie verfügte, waren: die nationalistische Ideologie, die die Arbeiter im Geiste und in der Mentalität den Belangen der „Nation", d. h. den Belangen des nationalen Kapitalismus, unterwerfen sollte, und für die

Innenpolitik, der scheindemokratische Parlamentarismus, der die Arbeiter glauben machen sollte, daß die Belange der Arbeiterklasse in der Tat berücksichtigt wurden.

Hauptsächlich durch diese beiden Mittel hat man es geschafft, die Arbeiterklasse schließlich zu unterwerfen und sie auf den Weg zu führen, den sie bis jetzt gegangen ist.

Eines der Länder, in dem die Krise am stärksten herrscht, ist Deutschland. Nach den revolutionären Bewegungen von 1918-1920, die in der schmählichen Niederlage des Bielefelder Abkommens endeten — Frucht von Parteiintrigen auf der gesamten Linie, vom Zentrum bis zur VKPD und USPD, damals unter der Führung von Dr. Paul Levi — das dem Ruhraufstand ein Ende machte, schaffte es die deutsche Bourgeoisie im Laufe einer Reihe von Jahren, die Arbeiterklasse in die „nationale Regierung" einzubinden. Die Verschärfung der Krise und die eintretende Inflation während der Jahre 1920-1924 weckte aber den Widerstandsgeist, doch dank der Ruhrbesetzung (Politik von Poincaré) schaffte man es, die Arbeiterklasse von eigenen Zielsetzungen abzulenken und in den Kampf für die nationale Befreiung einzureihen. Nicht nur von äußerst rechts und seitens der „gemäßigten demokratischen" bürgerlichen Parteien wurde diese Meinung vertreten. Nein, der ganze Apparat der SPD und der deutschen Gewerkschaften, und auch die damalige KPD stimmten in diesen Chor mit ein. Hat nicht Clara Zetkin den „Völkischen" *) im Reichstag die Einheitsfront zur Verteidigung der „nationalen Kultur" angeboten? Befürwortete sie nicht bereits damals ein Zusammengehen von „Reichswehr" und „Rotfront-

---

*) Die heutigen Nazis.

kämpfern"? Sicher, auch die KPD, die diese Taktik unter dem Einfluß russischer Interessen anwenden mußte, trug stark dazu bei, in der Arbeiterklasse (mit dem revolutionärsten Teil der organisierten Arbeiter!) den Geist des Nationalismus zu wecken und zu verstärken. Natürlich war dies alles gekoppelt mit viel scheinrevolutinären Fanfaren, aber das Wesen dieser ganzen Politik zielte darauf, die Arbeiter von eigener, selbständiger Klassenbewegung abzuhalten, und sie in die damaligen Interessen der deutsch-russischen Ökonomie einzubeziehen. Bereits von da an war die wichtigste Parole für das Proletariat nicht mehr: „Weg mit der deutschen Bourgeoisie! Auf zur Weltrevolution!" sondern: „Weg mit dem Vertrag von Versailles! Weg mit dem französischen Imperialismus!" Und das ist bis vor kurzem so geblieben. Alle Forderungen, die seitdem gestellt worden sind — abgesehen von dem Humbug der sog. „alltäglichen" — sind von demselben, im Wesen durch und durch konterrevolutionären Geist durchdrungen; konterrevolutinär, weil sie die Arbeiterklasse den Interessen der Bourgeoisie unterwarfen, weil sie der Arbeiterklasse gerade das nahmen, was sie an erster Stelle braucht und was die Voraussetzung für den Erfolg der proletarischen Revolution ist: das Bewußtsein, eine *selbständige* Klasse zu sein, die keine einzelnen, aber dann auch keine einzigen Interessen hat oder haben kann, die jemals mit irgendwelchen Interessen der Bourgeoisie, nicht einmal zeitweilig und nicht einmal aus taktischen Manövererwägungen, übereinstimmen können.

Das ganze Auftreten der deutschen Arbeiterklasse, während der Jahre 1920 bis zur heutigen Zeit bis auf wenige schnell unterdrückte aufständische Bewegungen bestimmter Gruppen — zeigt das Bild eines radikalen Nationalismus und hat mit einem proletarischen Klassenkampf nichts mehr gemein. Diese Entwicklung wurde vornehmlich durch zwei Faktoren gefördert: Erstens durch die teilweise Verbesserung der ökonomischen Verhältnisse, und zweitens durch das Auftreten Rußlands, das sich ökonomisch, politisch und militärisch vollkommen der deutschen Bourgeoisie anschloß.

Durch die teilweise ökonomische Erholung war die Bourgeoisie in der Lage, ein scheindemokratisches Regime zu führen. Ebert-Müller-Brüning sind Beispiele hierfür und die „Aufgabe" der Arbeiterklasse wurde auf das „Verteidigen" des „Arbeitsrechts" gegen allzu scharfe Angriffe auf Lohn und Lebensniveau begrenzt. Eine Ruheperiode trat ein. Deutschland begann allmählich wieder, einen Platz auf dem Weltmarkt einzunehmen, es trat in den Völkerbund ein und stellte sich selbst als nationale Einheit dar. Die ganze Arbeiterbewegung, SPD, Gewerkschaft, KPD beschützten die Interessen der Deutschen Nation. „Gegen Versailles, gegen die Reparationszahlungen, Elsaß-Lothringen deutsch, für die deutsch-österreichische Einheit, gegen die amerikanische Kolonisation, gegen Briand", es war alles purer Nationalismus, was die Stunde geschlagen hatte. Den Kampf für eigene, selbständige, proletarische Klassenziele gab es nicht mehr. Die Revolution war eingeschlafen.

Die linken Gruppierungen, Überbleibsel aus der Revolutionsperiode, verloren an Einfluß. Ihre warnenden Stimmen gingen unter in der Wüste von leerem nationalistischen Geschwätz. Aber die Krise, stärker als jede Vernunft, schritt weiter fort und im Herbst 1929 stürzte die kunstvoll aufgebaute ökonomische Erholung wie ein Kartenhaus ein. In Amerika gab es einen enormen Krach. Die Welt wurde in ihren Grundfesten erschüttert. In England, Frankreich,

Deutschland, überall auf der gesamten Welt stürmten die tobenden Wellen der Krise heran und drohten, die kapitalistische Ökonomie wegzuspülen. In allen Ländern verschärften sich die Reaktionen. Spannungen in den Verhältnissen untereinander entstanden, das Bild der Weltkarte verschob sich, wie die Figuren eines Kaleidoskops. Unruhe, Unsicherheit, ein Gefühl der Gefahr machten sich auf der gesamten kapitalistischen Welt breit. Aber der erste Schock wurde überwunden, die großen Finanziers, die Regierungen, griffen ein, um die Flutwelle einzudämmen. Aber die Krise griff weiter um sich, langsam aber sicher, doch in immer schnellerem Tempo. Handel, Export, Geldverkehr, Schiffahrt, Industrie, Landwirtschaft, alles wurde untergraben, angegriffen. Die Dividenden sanken, die großen Konzerne, die Trusts, die Kartelle, saßen da mit enormen Vorräten, der Absatz stagnierte, die Kaufkraft sank: eine ungeahnte Konkurrenz, die sich auf die unbarmherzigste Ausbeutung der proletarischen Massen gründete, setzte ein. In verschiedenen Teilen der Welt schlug der ökonomische Krieg bereits in einen militärischen um. China, Süd-Amerika, Japan-Rußland, auf dem Balkan, Britisch-Indien. Der große, drohende, unheilverkündene und sich unvermeidlich nähernde Weltkrieg warf seine Schlagschatten voraus.

Aber noch wußte das Kapital den Zustand zu beherrschen. Noch wußte es einen totalen Vernichtungskrieg zu verhindern, noch konnte es durch eine fieberhaft wirkende Diplomatie das erschütterte Gleichgewicht stabilisieren; aber die Krise ging immer weiter, immer drückender wurde die Not von Millionen und aber Millionen Proletariern, immer heftiger und aufsässiger wurde das Proletariat. Die „Arbeiterorganisationen" waren durch die murrende Unzufriedenheit unter den Arbeitern gezwungen, die Maskerade der „Opposition" zu zeigen. Um dem Widerstandsgeist der Arbeiter entgegenzukommen, stellte „man" schreiende Forderungen auf, beschuldigte man den Kapitalismus der Unmenschlichkeit, ließ man die Arbeiter paradieren, marschieren und demonstrieren. Aber als das Bedeutendste von allem, das Wichtigste, das Wesentliche wurden das Parlamentarische, das Ökonomische und die Politik betont und die Energie der Arbeiter darauf gelenkt. Die Bourgeoisie, in die Enge getrieben, schloß sich in eigenen nationalen Grenzen ein. Die Autarkie trat hervor, wurde das Weltgenesungsmittel. Ökonomisch bedeutet diese Autarkie die Spannung bis zum Äußersten der internationalen ökonomischen Verhältnisse, politisch bedeutet es: der Weltkrieg! Nach innen bedeutet es: die scharfe, unerhörte und zynische Ausbeutung und Knechtschaft der proletarischen Massen. Die Wellen des Elends stiegen, reichten der Arbeiterklasse bis zum Hals. Hunger, Armut, das Abscheulichste formen das tägliche Bild. Wenn es hier und dort durch Arbeiter zu Aufständen kam, wurde auf blutige Weise die Bewegung niedergeknüppelt. Und immer dreister erhob der Faschismus sein Haupt. In Deutschland, mit seiner typisch militärischen Geschichte, hatte dieser Faschismus einen besonders bestialisch-zynischen Charakter. Die Bourgeoisie der Industrie und des Bankkapitals, durch die Krise in die äußerste Ecke zurückgedrängt, griff zum letzten Mittel der Selbsterhaltung. Weg mit der demokratischen Scheinheiligkeit! Weg mit der vorgetäuschten Menschlichkeit! Die Bourgeoisie wurde zu einer völligen Demaskierung gezwungen, sie riß die Maske ab und Entsetzen ergriff große Teile des Proletariats.

***

Lange hatte die Bourgeoisie, weil sie sich vor einem revolutionären Auftreten der Arbeiterklasse fürchtete, gezögert und sich geweigert, dem Aufruf ihres reaktionärsten Teiles Gehör zu schenken. Im Lager der faschistischen Scharfmacher herrschte Uneinigkeit: Hitler — von Papen — Schleicher — Hugenberg — Strasser! Noch wollte die Bourgeoisie als Klasse nicht zum äußersten Mittel greifen, noch schreckte sie vor den unberechenbaren Folgen der willkürlichsten und blutigsten, der zynischsten Diktatur zurück! Noch versuchte sie den Zustand durch scheindemokratische Manöver zu retten. Hindenburg wurde zum nationalen Symbol. Und hierbei wurde sie durch die charakterlose Clique der sozialdemokratischen Führer unterstützt. Große Massen der Arbeiter, die noch Vertrauen in sie setzten, wurden durch sie vergiftet und in den Hindenburg-Nationalismus mitgezerrt. Dies war die Krönung jahrelanger Arbeit! Und die KPD? Nichts als der gewissenloseste Konkurrenzkampf mit dem Faschismus. Solange die KPD noch hoffen konnte, ein Gegengewicht gegen den heranstürmenden Faschismus zu bilden, solange sie die Erwartung hegte, sich demokratisch-parlamentarisch halten zu können, tat sie nichts anderes, als die Arbeiter in einem nationalistischen Konkurrenzkampf gründlich zu vergiften. „Gegen Versailles", „Für die Demokratie", „Für Rußland" — siehe die Vergoldung der Giftpille. Und um dem revolutionären Willen der mit ihr sympathisierenden Massen entgegenzukommen, ließ sie ihre „Reihen" marschieren, marschieren und marschieren, bis alle Energie durch dieses leere Getue erschöpft war! Hier und dort entwichen ihrer Kontrolle jedoch Teile ihrer Anhänger und die Arbeiter traten bewaffnet gegen die immer dreister auftretenden Faschistenbanden auf. Aber von oben her wurde, soweit es möglich war, jeder bewaffnete Widerstand, jeder wirkliche Klassenwiderstand der Arbeiter unterdrückt. Die „Rotfront" durfte zwar demonstrieren, aber keine Waffen tragen. Eine auch nur einigermaßen organisierte illegale Aktion wurde überhaupt nicht in Betracht gezogen. Und die Arbeiter wurden durch das Geplärre über den kommenden parlamentarischen Sieg taub posaunt. Der Strudel der Wahlaktionen saugte den revolutionären Elan weg. Der beste und aktivste Teil der Arbeiterklasse, der Teil, der kämpfen wollte, kämpfen auf Leben und Tod, wurde lahmgelegt, wurde mit scheinradikalen Phrasen und Aktionen eingeschläfert, ermattet, kastriert! Aber die Reaktion, der Faschismus, gewann an Boden. Er bestürmte den Geist der Arbeiterklasse, der doch bereits durch nationalistisches Opium vergiftet war, mit einer so lügenhaft-raffinierten Ideologie; er versprach den Arbeitern goldene Berge, und stützte sich dabei auf die Programmforderungen der Arbeiterparteien, aber nicht im mindesten auf die der KPD selbst. Ebenso wie die SPD und KPD beschrieb der Faschismus Versailles als die eigentliche Ursache allen Elends der deutschen Arbeiter, und hiermit hörten die Arbeiter bekannte Klänge und sie neigten das Ohr. Sie durchschauten, bedingt durch den Mangel an revolutionärer Erziehung und durch den Mangel an kritischem Unterscheidungsvermögen, dieses demagogische Spiel nicht, denn die Demagogie ihrer eigenen Organisationen hatte ihr Denkvermögen abgestumpft. Aber für die Arbeiter, die etwas *tun* wollten, gab es einen großen, wichtigen Unterschied zwischen dem Auftreten des Faschismus eines Hitler und Konsorten und dem ihrer eigenen Führer. Während die letzteren nur „sprachen" und „schrieen", „HANDELTEN" die anderen! Und gegenüber ihrer eigenen Klassenohnmacht

sahen sie den gewaltigen Machtapparat der anderen!
Die bluffende Prahlerei, alle scheinrevolutionären
Fanfaren der SPD und KPD (die sich durch die Ein-
heitsfrontmacherei im Wesen nicht mehr unterschieden) verschwanden im Nichts bei dem zielbe-
wußten, sicheren Auftreten von Hitler, der in ihren
Augen wenigstens in der Lage schien, interne Gegensätze zu beseitigen oder sie „kräftig" aus dem Weg zu
räumen. Ein Gefühl der Klassenohnmacht auf der
einen Seite und ein wachsender Glaube an die Möglichkeit der Verwirklichung ihrer von ihren eigenen
Vertrauensmännern jahrelang als revolutionäre Ziele
vorgebrachten Forderungen, auf nationaler und internationaler Ebene, machten sie zu einer sicheren Beute
für die demagogische, faschistische Propaganda. Ein
gutes Beispiel ist schon der Verkehrsstreik in Berlin.
Hier saßen die RGO-Bonzen mit den Bonzen der
NSBO an einem Tisch und beratschlagten. Bei der
Arbeiterklasse entstand hierdurch der Eindruck, daß
die national-sozialistische Bewegung ein brauchbares
Instrument gegen den Kapitalismus war. Und Millionen von ihnen schlugen sich auf die Seite Hitlers,
zusammen mit den Mittelständlern (die den Arbeitern
doch schon lange als Anhänger dargestellt wurden)
und Bauern (die man sie in der Revolution als Bundesgenossen zu betrachten gelehrt hatte). Für die
Arbeiter veränderte sich das Bild also nur zum Vorteil: An Stelle des „Redens" trat das „Tun". Und sie
erlagen.
Kaum jedoch hatte Hitler interne Gegensätze be-
seitigt und seinen Einfluß auf die Arbeiterklasse im
allgemeinen steigen sehen, zeigte er seine wahre Ge-
stalt, die des arbeiterfeindlichsten, zynischen Dikta-
tors. Jetzt durch die gesamte Bourgeoisie und die
militärischen Cliquen unterstützt, begann er seinen

abscheulichen Feldzug gegen die Arbeiterklasse. „Auch ohne parlamentarischen Sieg werde ich die Macht ergreifen!" Über von Papen und Schleicher wurde er Reichskanzler. Hugenberg wurde ausgeschaltet. Hindenburg war ein Spielball in seiner Hand. Das katholische Zentrum wurde in der Person des Prälaten Kaas nach Rom verbannt. Die Sozialdemokratie verriet die Arbeiterklasse, so wie wir das aus ihrer gesamten Geschichte kennen. Die KPD konkurrierte und dämmte die revolutionäre Bewegung ein oder lenkte sie ab. Die Bourgeoisie begann mehr Vertrauen in Hitlers Erfolg zu bekommen und die Furcht vor einem Einschreiten der Arbeiter erlahmte. Die Krise zwang sie weiter, zu den schärfsten Mitteln zu greifen. Und Hitler wurde „der Mann" für sie und „das Ungeheuer" für das Proletariat. Die Kraftproben, die er wagte, gelangen vorzüglich. Das Karl-Liebknecht-Haus, das Gewerkschaftsgebäude und andere „Bollwerke" der Arbeiterbewegung fielen ohne Schwertstreich. Von Widerstand keine Rede. Der Sieg war sicher. Und das ganze deutsche Volk brüllte ihm seine Huldigung zu. Die Zeitungen der Arbeiterbewegung wurden verboten, die Gewerkschaften unterwarfen sich im voraus, die SPD bot loyale Opposition an und die ganze Bonzenwirtschaft ging zum Feind über. Die KPD wurde aufgelöst. Es zeigte sich, daß sogar die vielleicht noch gefürchtete illegale Organisation nicht bestand. Der Triumph des Faschismus war allgemein und vollkommen. Die Arbeiter, insofern sie noch versuchten, sich zu widersetzen, wurden niedergeschlagen, ermordet, in Gefängnisse und Lager gesperrt. Mit Hilfe des Antisemitismus band Hitler den Mittelstand und die „Intellektuellen" an sich. Die SS und SA, diese gesetzlich sanktionierten Mörderbanden, hatten freies

Spiel. Furchtbar war das Schicksal der Arbeiter, der Revolutionäre, der Juden. Furchtbar die Niederlage, die Enttäuschung. Entsetzlich die Angst, lähmend die Furcht! Nirgends auch nur eine Spur des Widerstandes, nirgends auch nur das schwächste Zeichen vom proletarischen Klassenauftreten. Nirgends etwas, das auch nur einem Versuch revolutionären Handelns ähnelte. Dies war kein Bürgerkrieg, dies war ein Abschlachten. Denn das Proletariat stand ideologisch, organisatorisch und militärisch vollkommen unbewaffnet da. Der Verrat der parlamentarisch-politischen Parteien verrichtete sein Werk. Der Mangel an Klassenbewußtsein rächte sich auf entsetzliche Weise an der durch Demagogie vergifteten Arbeiterklasse!

Die Liste der Morde an Arbeiterelementen stieg in beunruhigendem Tempo an. Das bestienartige Auftreten der SS und SA, die sich mit sadistischer Grausamkeit auf ihre Opfer warfen, feierte Triumphe. Ein Siegesrausch ergriff den Faschismus. Doch dieser Rausch sollte gleichzeitig das tatsächliche Unvermögen, lediglich eines der vorgetäuschten Versprechen auch nur ansatzweise zu erfüllen, verdecken. Mitgerissen durch seinen unerwartet leichten Sieg, meinte Hitler, der Welt Vorschriften machen zu können. Die immer bedrückendere Krise zwang ihn außerdem, den Weg der gefährlichsten internationalen Verwicklungen einzuschlagen. In verschiedenen kapitalistischen Ländern, die ökonomisch und politisch Deutschland feindlich gegenüberstanden, kam Widerstand und Protest gegen das Auftreten der Faschistenbanden auf. Und in diesem demagogischen Widerstand zeigte die Arbeiterklasse dieser Länder keine eigene selbstständige Stellungnahme. Auch in dieser Protestbewegung wurde die Einheitsfront zwischen Arbeiterbewegung und nationaler Bourgeoisie geschlossen. Überall drangen die unzuverlässigsten, reaktionärsten bürgerlichen Elemente in die „proletarischen" Protestorganisationen ein und führten alsbald das große Wort.

Wieder wurde das Proletariat international für die Belange der nationalen Bourgeoisie eingespannt. Und dadurch ebnet man sich den Weg für den eigenen Faschismus, der in allen Ländern anbricht. Nirgendwo hat die Arbeiterklasse auch nur das geringste aufzuweisen, das die Hoffnung auf ein letztendliches proletarisches Erwachen nähren kann. Überall wird wieder die Energie und die Tatkraft der Arbeiter, ihr revolutionärer Wille, ihr Elan gebrochen, abgelenkt und gelähmt. Und überall triumphiert die schärfste Reaktion! Wieder ist es in all diesen Ländern der ökonomische und politische Parlamentarismus, der den Arbeitern als stärkste Waffe im Kampf angeboten wird.

Aber in den Ländern, die mit Deutschland verbündet sind, die ein wirtschaftliches und militärisches Interesse an einer starken deutschen Bourgeoisie haben, wie Italien, die Türkei und auch Japan, schweigt der Protest. Dort werden Protestbewegungen durch die Regierungen unterdrückt und unter Strafe gestellt.

Eine infame Rolle in dieser ganzen Entwicklung hat Rußland gespielt. Nicht nur, daß Rußland 1932 in Genf für das gleiche Recht Deutschlands auf „Bewaffnung" eingetreten ist, es fütterte die deutsche Bourgeoisie auch noch mit Aufträgen für die Industrie, selbst als die Hitler-Reaktion schon lange wütete! Die Freundschaftsbezeugungen und das gute Einvernehmen mit Hitler-Deutschland waren eine Zeit lang das wichtigste, was die „proletarische Diplomatie" der Arbeiterklasse der Welt zu bieten hatte! Falls jemals mit schreiender Deutlichkeit offenbar

geworden ist, daß für Rußland die „nationale Wieder-
herstellung" über der „Weltrevolution" steht, dann
lag dies in dieser Entwicklung begründet! Die Arbeiter begriffen es nicht, wunderten sich nur und am
Ende empörten sie sich zaghaft. Außerdem spielte
Hitler ein sehr gewagtes Spiel auf dem internationalen Schachbrett. Die Industrie war lahmgelegt, das
Finanzkapital geschwächt, die Finanzierung der russischen Aufträge schien unmöglich, aber vor allem
drohte Hitler, die wichtigsten Länder Europas gegen
sich in Harnisch zu bringen und sie zu einem Gürtel
von Feinden gegen sich zusammenzuschmieden.

Wirtschaftlich hatten sie sich bereits gegen Hitler
in der Boykott-Aktion vereinigt, die ihren Einfluß
auf die deutsche Wirtschaft geltend zu machen begann. Die Lage Rußlands war deshalb äußerst schwierig. Die Arbeiter, auf deren Ideologie es sich stützen
mußte, waren unzufrieden, begriffen die Haltung
Rußlands nicht, genauso wenig wie sie begriffen,
daß Rußland mit keinem Wort, geschweige denn mit
Taten, etwas unternahm, um die KPD-Arbeiter und
-Führer, die durch den Terror getroffen wurden, unter seinen Schutz zu nehmen. Die Boykott-Aktion
wurde als nationalistisch verworfen. Aber darüber
hinaus gingen die wirtschaftlichen und diplomatischen Verhandlungen ruhig weiter. Rußland gab
Millionengeschäfte bei der deutschen Industrie in
Auftrag, der Berliner Vertrag wurde erneuert. Diese
Position konnte Rußland nicht halten und deshalb
warf es das Ruder herum. Es begab sich auf die Su-
che und fand in London bei dem bis dahin als größten Feind auserkorenen französischen Kapitalismus
Anschluß. Plötzlich änderte sich seine Haltung
gegenüber der Boykottaktion. Die Aufträge gingen
an andere Länder. Die Beziehungen zu Hitler-Deutsch-

land wurden deshalb lockerer. Aber es hielt sich für alle Fälle den Rückzug offen! Der Schwindel mußte wieder an die Stelle des Kampfes treten. Die nacheinander stattfindenden „antifaschistischen Kongresse" ließen ihre quasi-revolutionäre Sprache über die Welt erschallen und die französische Regierung war noch so freundlich, das Abhalten dieser Kongresse in Paris zu genehmigen! Wieder wurden die Arbeiter mit Worten und Phrasen abgespeist. Wieder fehlte das geringste Anzeichen von Kampfeswillen. Das Proletariat wurde wieder in diesen neuen Rausch mitgerissen und entfernte sich immer weiter von seinem eigenständigen Kampf. Rosenfelds Provokation lieferte die schnelle, jedoch nicht die sachlich richtige Rechtfertigung dieses Schwenks. Diese waren die Kredite Frankreichs und Englands und damit verknüpft die militärischen Belange! Und das Proletariat schluckte alles, auch wenn hier und da schwacher Protest, vorläufig nur in der Form leisen Zweifels an der Richtigkeit dieser Taktik, geäußert wurde. Der deutsche Faschismus siegte auf der ganzen Linie. Mit wehenden Fahnen eroberte er ganz Deutschland. Überall fielen die „mächtigen Organisationen" der Arbeiterklasse ohne Gegenwehr. Dennoch leisteten hier und da einzelne Gruppen von Arbeitern wie die aus Altona Widerstand, doch ihre Aktionen blieben begrenzt. Die deutsche Arbeiterklasse war auf der ganzen Linie geschlagen. Die Bonzen, sofern noch nicht verhaftet, wichen und setzten ihre Fanfarenpolitik irgendwo anders fort, um die eigene Niederlage zu kaschieren. Und Hitler festigte seine Macht, ohne den geringsten Widerstand vorzufinden. Die Bourgeoisie war sich mit ihm einig, der Mittelstand und die Bauern schlossen sich ihm enthusiastisch an, die Arbeiterklasse war „erledigt".

* * *

Bis weit über die Grenze war das prahlende Geschwätz der SPD- und KPD-Presse über den „Wahlsieg" zu hören. In zahlreichen, fettgedruckten und zum Zwecke der Propaganda angereicherten Berichten wurde von dem „revolutionären Widerstand" der Arbeiter, von der „Entschlossenheit der Parteien" erzählt, Hitler zu schlagen und ihm den parlamentarischen Weg — auf dem er selbst vorgab, wandeln zu wollen — abzuschneiden. Die ganze internationale Arbeiterklasse sah mit Spannung auf die Wahlen und das Abschneiden der deutschen Arbeiter. Und angelockt durch diese vorgeschützte Kampfstimmung zog Marinus van der Lubbe nach Deutschland. Da kämpfte das Proletariat, seine Klasse! Da mußte auch er sein! Noch einmal würde sich das deutsche Proletariat zu einer gewaltigen Begeisterung anstacheln lassen. Thälmann wurde als Gegenkandidat zum Reichskanzler Hindenburg aufgestellt! Das war das letzte Mittel der KPD, um die Arbeiter von der Revolution abzuhalten und ihr Tun und Handeln auf den demokratischen Parlamentarismus zu begrenzen. Denn Rußland konnte keine deutsche Revolution gebrauchen und deshalb mußte die revolutionäre Energie der Arbeiter abgelenkt werden. Die Kandidatur Thälmanns war der Ausweg, das Ventil. Und es funktionierte gut! Die Zusammenstöße mit den Nazis wurden vielfältiger. Täglich las man von Straßenkämpfen. Die Feme-Morde ließen die Verbitterung bis aufs äußerste ansteigen. Aber die Macht der Nazis nahm jeden Tag zu. Sobald die Arbeiter drohten, Widerstand gegen die Brutalität Hitlers zu leisten, wurden sie davon durch das Machtwort „Provokation" abgehalten! Und das Einreden dieser Provokationsangst verdammte die Arbeiterklasse zur Untätigkeit, zur lähmenden Passivität. Denn die

Führer sagten immer: Die Antwort der revolutionären Arbeiter liegt im parlamentarischen Sieg! Die Aktion sollte um jeden Preis legal bleiben. Die Rede von Torgler während der letzten Sitzung des Preußischen Staatsrates, fälschlicherweise in der Presse der Parteien der III. Internationale als eine Voraussage kommender Hitler-Provokationen dargestellt, ist in Wirklichkeit nichts anderes als ein Versuch, jedem Widerstand der Arbeiter im voraus den Stempel der Provokation aufzudrücken. Und so war es möglich, daß der Faschismus die Arbeiter einfach überrannte!

In diesem Zustand wurde Marinus van der Lubbe [aktiv], dessen proletarisch-rebellisches Wesen bereits jahrelang gegen den Humbug der jedes proletarische Klasseninteresse vermissen lassenden „Aktionen" der Parteien der III. Internationale — die II. Internationale bedeutete für ihn wie für jeden revolutionären Arbeiter schon lange die Verkörperung des Klassenverrats — und gegen den allen Widerspruch tötenden Kadavergehorsam Widerstand leistete. Dies äußerte sich schließlich in einer Tat von weltschockierender Bedeutung!

Die Tat sollte gleichzeitig eine warnende Anklage gegen den demagogischen Betrug der Hitler-Bourgeoisie, ein scharfer Protest gegen die Demagogie der „Arbeiterparteien" und ein leidenschaftlicher Ansporn für das Proletariat, seine Klasse, sein, um sich endlich von dieser Schwindlerführung zu lösen, um endlich zu einem selbständigen Klassenhandeln zu kommen, um endlich die Revolution zu machen!

Und weil der Betrug von rechts und links sich im demagogischen Spiel des Parlamentarismus verkörperte und gipfelte, wurde Marinus gleichsam zu dem Gebäude getrieben, das für die deutsche Arbeiterklasse im besonderen und das Weltproletariat im allgemeinen das Symbol aller ökonomischen und politischen Knechtung und Entrechtung war: dem Reichstagsgebäude!

Ein Schock ging durch die Welt der Arbeiter. Sollte das deutsche Proletariat die Revolution entfachen? Jubelrufe wurden vernommen, mit vor Rührung zitternder Stimme sagten die Arbeiter es sich gegenseitig: Der Reichstag brennt! Die deutschen Genossen beginnen den Kampf! Halten wir uns bereit!

Die Bourgeoisie, auch die deutsche, erwacht aus ihrem Siegesrausch! Also doch, so dachte man, ein Zeichen zum Aufstand? Also doch das Werk der Kommunisten. Das edle deutsche Triumvirat war entsetzt. Trotz ihres leichten Siegeszuges hatte es noch immer nicht die Möglichkeit einer Gegenaktion seitens der Arbeiter völlig ausgeschlossen. Eine panische Angst befiel es! Was für eine höllische Tat! In aller Eile wurden die noch während der Wahlkampagne vermiedenen Maßnahmen getroffen. Verhaftungen im großen Stil bekannter und weniger bekannter Führer: Torgler, Thälmann, Dimitrov, Tanev, Popov. Denn durch die Festnahme von Marinus van der Lubbe meinten sie, es mit einem internationalen Komplott zu tun zu haben. Schon schnell stellte sich diese Behauptung jedoch als unhaltbar heraus. Denn seht, die ganze kommunistische und sozialdemokratische Presse verleugnete den Mann, der diese Tat begangen hat. Und in der schmierigen parteipolitischen Hetze, die daraufhin folgte, wurde Marinus van der Lubbe, der revolutionäre Proletarier, der einen flammenden Protest gegen den Betrug und Verrat erhoben hatte, abwechselnd als kommunistischer Komplotteur und als Nazi-Provokateur angegriffen. Und die deutsche und internationale Arbeiterklasse, die das eigene Scheitern genau fühlte, die die eigene Niederlage schmerzlich erfuhr, griff zu diesen Ausflüchten aus Schwäche, um sich den Anschein von Rechtmäßigkeit zu geben.

Aber wir fragen Euch, Genossen, warum brauchte Hitler eine Provokation, während der Sieg ihm doch ohne weiteres in den Schoß fiel? Was hatte er von den „Arbeiterparteien" zu befürchten, die doch hoch und heilig schwörten, daß die Bewegung legal und demokratisch-parlamentarisch bleiben müßte? Was hatte Hitler zu fürchten, noch dazu von einer KPD, die im Auftrage Rußlands jede revolutionäre Entwicklung bremste und die Arbeiter mit einem dürftigen Ersatz des wirklichen proletarisch-revolutionären Klassenkampfes abspeiste? Was hatte er von Noske, Severing, Brettscheid und Leipart zu befürchten? Nichts, nichts und wieder nichts!

„Auch ohne parlamentarischen Sieg werde ich die Macht ergreifen", siehe da, Hitler's Botschaft. Ginge es mit dem Anschein eines legalen Parlamentarismus, umso besser; dies würde es ihm erleichtern, die Arbeiter zu betrügen und ruhig zu halten. Würde er diesen Sieg nicht erlangen, dann würde er es mit brutaler Gewalt versuchen! Und er ergriff diese Gelegenheit natürlich am Schopfe! So wie er sich gegen jeden Widerstand der Arbeiter zur Wehr setzte, um seine Diktatur zu rechtfertigen.

Aber nicht diese „Provokation" bahnte ihm den Weg zu seiner Diktatur! Nein, dieser Weg war ihm schon seit langem durch die Schlaffheit, Charakterlosigkeit und das konterrevolutionäre Auftreten der „Arbeiterparteien" geebnet. Der Weg war ihm schon lange durch die SPD und den Moskau-Ableger KPD bereitet worden, weil das Bewußtsein der Arbeiter-

klasse für den Faschismus durch sie fruchtbar gemacht worden ist!

Auf Euch, Ihr Herren Arbeiterführer, ruht die volle
Verantwortung für die Niederlage der Arbeiterklasse!

Auf Euch, Genossen, Mitproletarier, ruht die entsetzliche Schande, einen unserer besten Genossen,
Marinus van der Lubbe, ohne den geringsten Protest
aus eigener Schwäche und mangels Klassenbewußtsein
an unsere größten Feinde von rechts und links ausge-
liefert zu haben.

PROLETARISCHES PLÄDOYER

Wir Arbeiter erleben jetzt eine Zeit, in der die alte
Welt zerbricht. Die Kräfte, aus denen sie aufgebaut
wurde, stehen einander in unversöhnlicher Wut gegenüber. Denn diesmal geht es den beiden verfeindeten
Parteien nicht mehr um ein bißchen mehr oder ein
bißchen weniger, sondern um alles, um das Leben, um
die Existenz. Beide müssen den jeweils anderen zu
vernichten trachten, wollen sie nicht selbst vernichtet
werden.

Dabei bildet die Klasse der Kapitalisten weltweit
keine Einheit; sie zerfällt in verschiedene Kapitalgruppen, von denen jede für sich darauf aus ist, die Welt
zu erobern, um so das Welt-Proletariat auszubeuten.

Jede der Gruppen muß die Ausbeutung „ihrer"
Arbeiterklasse so weit wie möglich treiben, um eine
möglichst starke Postion im ökonomischen Kampf
gegen die anderen zu erringen.

Gleichzeitig muß jede für sich das gesamte Volk zu
einer Einheit zusammenschmieden, indem sie die
Volksmassen in einen nationalen Rausch versetzt, in
welchem diese für alles gebraucht werden können.
Jede Gruppe, der das nicht oder nur ungenügend gelingt, wird kraftlos sein und in dem unvermeidlich
kommenden Krieg untergehen, der die Fortsetzung
des wirtschaftlichen Kriegs von heute ist. In Deutschland, das Marinus in diesem Zusammenhang „das
Herz von Europa" nennt, ist dies jedem Arbeiter,
der sehen kann, klar. Dort, in Deutschland, sind die
Klassengegensätze am größten und schärfsten. Die
Großkapitalisten sehen Kapital und Gewinne in der
Krise bedroht, sie organisieren und bezahlen den

Terror der faschistischen Mörderbanden, um den Lebensstandard der Arbeiter bis zum äußersten nach unten zu drücken. Zur gleichen Zeit wollen sie durch eine gewaltige nationalistische Propaganda das gesamte deutsche Volk zu einer mächtigen Waffe in dem unerbittlich nahenden Vernichtungskrieg gegen die feindlichen Kapitalgruppen zusammenschmieden. Dort, in Deutschland, ist die Arbeiterklasse am größten; Millionen Arbeiter sind in den Industriezentren zusammengepfercht, Millionen Arbeiter wurden aus ihren Betrieben geworfen, was für sie endgültig das Elend bedeutete.

Dagegen muß die Arbeiterklasse kämpfen, es geht um ihr Leben.

Das einzige, was sie vom Kampf abhält, sind die materielle Gewalt der Bourgeoisie und ihre Macht über Geist und Denken der Arbeiter sowie die Taktik der alten Arbeiterorganisationen und ihrer Führer, die die Aufmerksamkeit und die Energie der Arbeiter vom Kampf ablenken, sie spalten und mit parlamentarischen und gewerkschaftlichen Aktionen ruhig stellen.

Von dieser Erkenntnis war Marinus van der Lubbe ganz durchdrungen, er propagierte sie, wo er nur konnte. Tag und Nacht war er im Einsatz, er diskutierte, schrieb Parolen, klebte Manifeste, gab mit gleichgesinnten revolutionären Arbeitern eine Arbeitslosenzeitung heraus, er prügelte sich mit der Polizei, fing die Schläge ein, damit andere in Freiheit blieben. Und all seine Genossen, mit denen er zusammenarbeitete, mit denen er als Arbeitsloser stempeln ging, gleichgültig, ob sie mit seinen politischen Ansichten übereinstimmten, wußten eines sicher: daß er ein absolut zuverlässiger Genosse war, Revolutionär bis ins Mark, mutig, ehrlich; der nicht

nur redet und die Aktionen und das Schläge-Einkas-
sieren anderen überläßt, sondern der selbst der erste
ist, der handelt. In Deutschland werden die Arbeiter
jetzt wieder zu den Wahlurnen geschleppt. Wehrlos
werden sie sich abschlachten lassen, werden zertreten
werden von der eisernen Hacke der faschistischen
Diktatur. Der Henker steht bereit, mit zum Zu-
schlagen erhobenem Beil. Die Mörderbanden tun ihr
Werk, von Tag zu Tag grausamer und unverhohlener.
Jetzt will er nicht mehr, jetzt kann er nicht mehr
länger zuschauen und reden, reden und hinterher
sagen, er habe es ja gleich gesagt, daß es so kommen
würde. Er will anschreien gegen die Gefahr, gegen den
Verrat, aber sie werden ihn nicht hören. Die große,
graue Masse der Proletarier drängelt sich vor dem
Tempel des parlamentarischen Betrugs, die schwarzen
und roten Priester schwenken die Weihrauchfässer,
die graue Masse gafft sie an, erwartet die Erlösung von
ihnen. Doch die graue Masse ist wie Schießpulver,
Marinus weiß das. Es fehlt nur ein Funke, um ihre
gewaltige Kraft unaufhaltsam losbersten zu lassen,
unaufhaltsam.

Dieser Funke ist die Tat. In der Nacht vom 27. auf
den 28. Februar steckt Marinus van der Lubbe diesen
Tempel, diesen Palast der Intrigen und des Verrats,
in Brand.

Die Beschuldigung

Nachdem er auf frischer Tat ertappt und festgenommen wurde, treffen ihn Anschuldigungen von
zwei Seiten: zum ersten von den Nazis und zum zweiten von den führenden Männern der II. und III. Internationale.

Zuerst die Beschuldigungen von seiten der

heutigen deutschen Regierung:

Während van der Lubbe vom Augenblick seiner Verhaftung bis heute unablässig beteuert, seine Tat allein, ohne jeden Mittäter oder Komplizen, ausgeführt zu haben, beharrt die deutsche Regierung halsstarrig auf ihrem Standpunkt, er könne den Reichstag nicht ohne die Hilfe und die Mitarbeit anderer in Brand gesteckt haben.

Welche Absicht dahintersteckt, liegt auf der Hand. Wie lange schon hatten Hitler, Göring und Goebbels versprochen, sie würden den „Marxismus" mit Stumpf und Stiel ausrotten! Hatten sie nun nicht mit diesem Brand einen prächtigen Anlaß gefunden, der ihnen eine scheinbare Rechtfertigung für die — übrigens längst begonnene — Einlösung ihres Versprechens lieferte? Es kann nicht geleugnet werden, daß van der Lubbes Tat den Nazis willkommen war und ihnen die Gelegenheit bot, Gegen(Rache-)maßnahmen zu treffen. Das ist aber bei jeder revolutionären Tat der Fall, die nicht den vom Täter beabsichtigten Erfolg hat. Ebensogut, wie die Nazihenker den Reichstagsbrand jetzt als Motiv zur Verschärfung ihres Terrors gebrauchen (welche zweifellos auch ohne diesen Vorfall eingetreten wäre), hätte van der Lubbes Tat das Signal zum proletarischen Aufstand sein können, wenn nicht der revolutionäre Geist des Proletariats schon seit einer Reihe von Jahren von den Bonzen der Zweiten und Dritten Internationale entkräftet und gelähmt worden wäre. Wie dem auch sei, die Nazis ergriffen ihre Chance, sprachen von einem kommunistischen Komplott und verhafteten eine Heerschar von Kommunisten, von denen schließlich Torgler, Dimitrov, Popov und Tanev, der Mittäterschaft oder Mitschuld verdächtig, in Haft blieben. Wir können nicht wissen, wie der Prozeß vor dem

Reichsgerichtshof ausgehen wird, aber es ist unsere feste Überzeugung, daß diese vier Männer freigesprochen werden müssen, wenn die Herren Richter diesen ganzen Prozeß nicht zu einer widerwärtigen Justizkomödie machen wollen. Torgler und seine Mitangeklagten, die sämtlich in einer Partei organisiert sind, die der III. Internationale angehört, können u. a. aus folgenden Gründen nicht schuldig sein:

1. Die Dritte Internationale lehnt den sogenannten individuellen Terror entschieden ab.

2. Rußland, das die Politik der Komintern völlig unter seiner Kontrolle hat, war im Zusammenhang mit seiner Politik des nationalen Aufbaus an einem ruhigen Deutschland interessiert, da dieses Land einer seiner wichtigsten Lieferanten war. Jede Tat, die die proletarische Revolution in Deutschland hätte auslösen können, war Rußland und seinem Lakaien, der Komintern, in hohem Maße unwillkommen.

3. Der Täter hat bereits 1931 jeden Kontakt mit der Komintern abgebrochen und war von einem ihrer überzeugtesten Anhänger zu einem ihrer leidenschaftlichsten Gegner geworden. Van der Lubbe wußte nur allzu gut, daß er, wenn es um eine wirklich revolutionäre Tat ging, bei den Herren der III. Internationale gar nicht erst anzuklopfen brauchte.

Van der Lubbe hat die III. Internationale wiederholt in Wort und Schrift öffentlich angegriffen. Die Nazis wissen das. Selbst wenn sie anfänglich einen Moment lang angenommen haben, van der Lubbe wäre „Parteikommunist", so muß doch spätestens die gerichtliche Untersuchung, die sich bis in die Niederlande erstreckte, erwiesen haben, daß diese Auffassung unrichtig ist. Sie konnten es wissen, und sie wissen es auch:

Seine Mitgliedschaft in antiparlamentarischen Organisationen wie den „Gruppen Internationaler Kommunisten" und seine Arbeit für die „Linke Arbeiteropposition" (LAO), beides Gruppierungen, die in prinzipiellem Gegensatz zur III. Internationale stehen; sein Auftreten während des Textilstreiks in Twente Ende 1931; seine Aktivität in der Arbeitslosenbewegung in Leiden und anderswo; die Arbeitslosenzeitungen, die er mit einigen Genossen herausgab. Daß dies den Nazis tatsächlich bekannt war, beweist hinreichend ein Interview, das der Kommissar Heisig im März einem Journalisten der Presseagentur Vaz Dias gab. In diesem Gespräch sagte er nämlich, daß das Resultat der Untersuchung ihn zu der Schlußfolgerung habe kommen lassen, die CPH [Kommunistische Partei Hollands] hier sei ungefähr das gleiche wie die KPD in Deutschland, während die Gruppierung Internationaler Kommunisten, der van der Lubbe die letzten Jahre angehört oder von der er sich zumindest angezogen gefühlt habe, in Deutschland nicht vorkomme (Alg. Handelsblad, 11. März '33). Weiter geht dies daraus hervor, daß er den „Spartacus", das Organ der LAO, vertrieb und daß er in öffentlichen Versammlungen für diese Organisation auftrat. Deutsche Rechercheure, denen diese Fakten unbekannt geblieben sind, dürften keinen Schuß Pulver wert sein. Dies gilt ebenfalls für sein Auftreten während des Textilstreiks in Enschede. In der von van der Lubbe und seinen Genossen herausgegebenen „Arbeitslosenzeitung" vom Samstag, dem

22. Oktober 1932, taucht zum Beispiel eine Passage auf, die sich direkt gegen die CPH und ihre Organisationen, die RVO und das WSC, richtet:

"Unter eigener Führung heißt nicht unter RVO-Führung, unter RVO-Führung heißt gar keine Führung. Und langsam wird auch deutlich, daß das Predigen des WSC vom selbständigen Kampf an der Basis und eigener Führung Honig um den Bart ist. Wir hatten genug vom Trompeten des WSC. Eine schlaffe, zweiflerische Haltung war bei den kampfwilligen Arbeitslosen von B. A. entstanden. Das mußte ein Ende haben. Auch wenn Euch Forderungen und Parolen, Demonstrationen und Versammlungen langsam zum Hals raushängen, voran jetzt. Seid selbst aktiv!"

Um ihren Beschuldigungen den Anschein von Glaubwürdigkeit zu geben, erklärten die Beschuldiger, sie hätten in van der Lubbes Taschen einen Mitgliedsausweis der Kommunistischen Partei gefunden. Merkwürdig ist allerdings, daß dieses gewichtige „Beweisstück" in den späteren Wolffberichten vollkommen unerwähnt bleibt! Auch vernimmt man nichts mehr von den Erklärungen des Berliner Kriminalkommissars Helmuth Heisig, der die Untersuchung geleitet und im Zusammenhang damit auch die Niederlande besucht hat, wo er äußerte, van der Lubbe habe die Brandstiftung allein begangen.

Im Alg. Handelsblad vom 11.3.33 findet sich ein Interview, das er Vaz Dias gab, in dem er folgendes sagt:

„Es steht mittlerweile mit Sicherheit fest, daß van der Lubbe die Brandstiftung allein ausgeführt hat. Mit in Benzin getränkten Kleidungsstücken ist er rasend schnell durch das Gebäude gelaufen, wobei er mit seiner gewaltigen Fackel überall Brände verursachte. Alles, was leicht Feuer fing, wie Bezüge und Gardinen, hat er angezündet, wodurch es zu erklären ist, daß das Feuer an vielen Plätzen gleichzeitig brannte."

Diese Auffassung deckt sich auch vollkommen mit van der Lubbes Angaben, der vor dem Untersuchungsrichter unablässig beteuerte, der einzige Täter zu sein. Von Kommissar Heisigs Erklärung ist seit ihrer Veröffentlichung im März nichts mehr verlautet, so daß es nicht allzu gewagt ist anzunehmen, daß ihm von seinen Vorgesetzten nach dieser unvorsichtigen Äußerung auf die Finger geklopft worden ist. Wie würde man denn auch die Vorwürfe gegen die vier Kommunisten aufrechterhalten können, wenn der Kommissar selbst, der mit der Untersuchung beauftragt war, seine Ansicht verbreitete, daß van der Lubbe der einzige Täter sei? Am 14. März, also drei Tage, nachdem Heisigs Erklärung in der Presse erschienen ist, wird ihr dann auch prompt in einer Veröffentlichung des Pressedienstes der deutschen Justiz widersprochen:

„In verschiedenen Zeitungen ist die Nachricht erschienen, van der Lubbe habe das Reichstagsgebäude allein in Brand gesteckt. Die Recherchen des Untersuchungsrichters haben jedoch zuverlässige Hinweise dafür erbracht, daß van der Lubbe die Tat nicht aus eigenem Antrieb begangen hat."

Es ist nicht notwendig, die vielen widersprüchlichen Publikationen, die in der deutschen Presse zu dieser Angelegenheit erschienen sind, hier noch einmal zu wiederholen. Es genügt, hier festzustellen, daß die Anklage der Mitschuld gegen die vier Personen, die dafür in Leipzig zur Verantwortung gezogen werden sollen, sowie die gegen van der Lubbe, er habe Kontakte zur Dritten Internationale gehabt, jeder

vernünftigen Grundlage entbehren. Diese Justizkomödie ist nichts anderes als eine Variation der faschistischen Morde an Marxisten, die die Nazi-Presse mit
den simplen Worten „auf der Flucht erschossen"
wiederzugeben pflegt.

„GENOSSE" SCHAKAL GREIFT SEINE BEUTE!

Kaum stand fest, daß der inhaftierte Brandstifter
des Reichstagsgebäudes der niederländische revolutionäre Arbeiter Marinus van der Lubbe war, da hielt der
Schakal Komintern schon schnüffelnd seine empfind-
liche Nase hoch, roch die Beute und stürzte sich mit
dem Mut, der Schakalen eigen ist, direkt auf sie. Es
liegt auf der Hand, daß die KPD die erste war, die zu-
verlässig mitteilen konnte, van der Lubbe sei ein von
den Nazis bestochener Provokateur, eine Beschuldigung, die unverzüglich von allen anderen in der Ob-
hut der Komintern stehenden Tageszeitungen und
Zeitschriften übernommen wurde. Nach dieser ersten
Ankündigung folgte bald Näheres über den von van
der Lubbe begangenen „Verrat". Aus dem Provokateur
wurde alsbald ein „bezahlter Provokateur" gemacht,
und die „Humanité" war sogar so human zu berichten, van der Lubbe habe mit anderen Nationalsozia-
listen darum gelost, wer die Sache erledigen sollte.
Dieser Mitteilung wurde noch hinzugefügt, der Täter
erhalte dafür 50.000 Mark und werde nach zwei
Monaten wieder freigelassen. Der Bericht wurde
auch in „De Tribune" vom 17. oder 18. März in
dicken Lettern über zwei Spalten abgedruckt. Allerlei Auffälligkeiten, die belegen sollten, daß der Täter
ein suspektes, minderwertiges Individuum sei, wurden
dort zum besten gegeben. Es war die eifrige Tribune-
redaktion, die, nachdem sie von „His Masters Voice"

aus dem Osten vernommen hatte, daß es so recht sei, als Pionier in der Lästerkampagne gegen van der Lubbe auftrat. Als man dann mit schamroten Wangen eingestehen mußte, daß dieser Verbrecher tatsächlich mal Mitglied der Kommunistischen Partei Hollands gewesen war, folgte der entschuldigende Kommentar: „Vor fast zwei Jahren entzog er sich durch Austritt einem Parteiausschluß, der durch sein Auftreten sonst unvermeidlich gewesen wäre." (Tribune, 1. März '33). Die Bourgeoisie brauchte also nicht unruhig zu sein, nachdem die anständige CPH öffentlich erklärt hatte, zwielichtige Figuren wie diesen van der Lubbe nicht in ihren Reihen zu dulden. Schade nur für die Herren Führer, daß dieser van der Lubbe, wie so viele andere Revolutionäre, der CPH von sich aus den Rücken gekehrt hatte. Dr. Knuttel wurde aus der verstaubten Intellektuellenecke der Partei geholt und legte folgende Erklärung über die Person van der Lubbes ab: „Besonders in der Arbeitslosenbewegung wollte van der Lubbe eine Politik führen, die nicht die der Partei war, sondern einzig drauf abzielte, sensationell zu sein und Aufsehen zu erregen. Ein Übermaß an Eitelkeit und Abenteuerlust sowie mangelnde Seßhaftigkeit waren kennzeichnend für seine Person" (Tribune, 1. März '33). Es ist überflüssig, hier alle Verdächtigungen und Beschuldigungen an die Adresse van der Lubbes, die in der internationalen Presse publiziert wurden, noch einmal zu wiederholen, da diese, so infam sie übrigens sind, an Gemeinheit und Verlogenheit von dem von Intellektuellen zusammengestellten und unter „kommunistischer" Leitung redigierten Braunbuch, das später behandelt werden soll, noch übertroffen werden. Laßt uns zuerst folgende Frage zu beantworten versuchen:

WARUM HATTE DIE DRITTE INTERNATIONALE EIN INTERESSE DARAN, VAN DER LUBBE IN DIESER WEISE ZU BESCHULDIGEN?

Erstens weil die Herren Direktoren dieses russischen Handelsunternehmens eine panische Angst befiel, als sich hier unerwartet herausstellte, daß es noch Proletarier gab, die sich von ihrer Kungelpolitik, ihrer Revolution auf Raten, nicht verleiten ließen, sondern sich selbständig zu revolutionärem Widerstand entschlossen. Jahrelang hatte es genügt, Phrasen hinauszuposaunen, die einzig zum Ziel hatten, die Wirklichkeit zu verschleiern und das europäische Proletariat, nicht allein im Dienste der nationalen Entwicklung Rußlands, sondern auch zur Erhaltung und Absicherung des Parteiapparats und zugehöriger Organisationen, ruhig zu halten. Zudem fürchtete man zu Recht, die Anhänger aus dem Kleinbürgertum, die innerhalb und außerhalb der Partei von der Minderheit zur Mehrheit geworden waren, zu verlieren, sobald die Massen zu tatsächlichem Widerstand übergehen würden. Bei den Reichstagswahlen vom 5. März war es gelungen, eine Ernte von beinah fünf Millionen Stimmen einzubringen, ein Gewinn, der durch „Taten individuellen Terrors" nicht in Gefahr gebracht werden durfte. Man hatte zwar immer schöne Parolen wie „von unten nach oben" auf sein Banner geschrieben, aber dieses Eselsgebrüll schloß natürlich nicht aus, daß man ungerührt auf dem gekrümmten Rücken des folgsamen Proletariats sitzen blieb. Jedoch jetzt, da plötzlich etwas von unten nach oben geschah, da ein Proletarier den Mut gefunden hatte, nicht nur eine Tat des Protestes gegen die Bourgeoisie zu vollbringen, sondern auch den Herren Führern der Arbeiterparteien verächtlich ins Gesicht zu spucken, indem er die Festung ihrer demagogischen Intrigen, das Reichstagsgebäude, in Flammen aufgehen ließ, fuhr ihnen der Schreck in die Knochen. Die leuchtende Fackel der Revolution, deren Flammen aus der Kuppel des Reichstagsgebäudes aufloderten und die die Herzen von Millionen Proletariern voller Erwartungen auf Rettung einen Moment lang höher schlagen ließ, die jedem wahrhaftigen Revolutionär die Hoffnung gab, daß endlich etwas geschehen würde, versetzte die Bonzen der Zweiten und Dritten Internationale in Angst. Hier drohte Gefahr, hier bestand die Möglichkeit des Beginns eines proletarischen Aufstands. Der Funke mußte um jeden Preis ausgetreten werden, und die einzige Art und Weise, wie das hinreichend geschehen konnte, war, ihn als Verräter, als Nazi-Provokateur darzustellen.

DAS BRAUNBUCH

Das Zustandekommen:

Das Komitee, das für den Inhalt des Braunbuchs verantwortlich ist, mit dem Vorsitzenden Lord Marley und Prof. Einstein als Ehrenvorsitzendem, stellte eine buntgescheckte Versammlung dar: Funktionäre der III. Internationale, Salonbolschewisten, bürgerliche Intellektuelle und „berühmte" Juristen sind als Söhne aus gleichem Hause zusammengekommen, brüderlich vereint.

Arbeiter dieser Erde, reibt Euch die Augen und betrachtet die Ritterschar, die für Euch in die Arena tritt!

Nitti, von 1919 bis 1920 italienischer Ministerpräsident, also ein Freund der Arbeiter. Die revolutionären italienischen Arbeiter werden für ihn einstehen können.

Dr. P. H. Ritter, Chefredakteur des „Utrechtsche Dagblad". Ihr habt ihn immer für einen Faschisten gehalten, doch jetzt hat er die Maske abgelegt und nimmt mit offenem Visier den Kampf auf.

Gortzak und Fräulein van der Veer sind nur kurz zu sehen. Als brave Mitglieder der CPH drängen sie sich hier, entsprechend ihren Instruktionen, nicht zu sehr in den Vordergrund. Weniger zurückhaltend ist da der Modeadvokat und Rechtsanwalt der stein- reichen Prominenz der Pariser Welt, De Moro Giaf- feri, ebenso wie sein durch den berüchtigten Madame- Hanau-Prozeß berühmt gewordener Kollege, Dr. jur. De Torrès. Es können nur edle Motive sein, die De Moro dazu treiben; auf seinem kürzlich vergoldeten Schild findet sich der Spruch: Nach Ehre und Ge- wissen . . .

A. Asscher, Juwelier und Eigentümer der größten Amsterdamer Diamantschleiferei, und Dr. van Oss, Inspektor des Amsterdamer Rechnungshofes, werden wohl auch eine Lanze für die hungerleidenden Prole- tarier in den Konzentrationslagern brechen. Proleta- rier, verliert nicht den Mut!

Prof. van Riel, Hochschullehrer am Altkatholi- schen Seminar in Amsterdam, wird die Waffen im Namen des katholischen Gottes segnen, und Pfarrer Bannings tut desgleichen im Namen des protestan- tischen.

Frau Bakker-Nort, Abgeordnete und Parteifreun- din des Colijn-Ministers Dr. jur. Marchant, reitet einen orangefarbenen Maulesel, und die würdige Nachhut bildet Dr. Otto Katz, in feuerrotem Mantel, auf den Hammer und Sichel gestickt sind, der unauf- hörlich den Kampfruf „Wahrheit!" ausstößt.

Hunderte ziehen an Euren überraschten Augen vorbei, die Creme der Finanz-, Intellektuellen- und Justizwelt und des Kapitalismus.

Zusammengerufen hat diese großartigen Kämpfer die III. Internationale; sie ergriff die Initative. Im Hotel „De Roode Leeuw" [„Der rote Löwe"] in Amsterdam, wo das „Holland Comité" sich gegründet hat und das von den Funktionären der CPH Gortzak und Frl. A. v. d. Veer geführt wird, wurde zwar bestritten, daß diese Aktion etwas mit der III. Internationale zu tun hätte, aber Tarnorganisationen wären ja vergebliche Mühe, wenn sie ihren wahren Charakter nicht zu tarnen verstünden. Wie auch immer, Arbeiter, schaut nicht so genau hin, all dies geschieht einzig zu Eurem Nutzen!

Betrug:

Welch elende Heuchelei! Denkt Ihr, Arbeiter, daß diese Herren und Damen, die klügsten Köpfe und scharfsinnigsten Juristen, die Denker und die Künstler, die Führer der kapitalistischen Welt, diese oberste Schicht der Gesellschaft, die Euch ausbeutet oder die von Eurer Ausbeutung profitiert, denkt Ihr, die seien verrückt? Wenn es wirklich um Eure Interessen ginge, die Interessen der Ausgebeuteten, der proletarischen Klasse, wäre dann in dieser Zeit, der Zeit der heftigsten Klassengegensätze, diese schillernde Gesellschaft zusammengekommen? Nein, die ganze Darbietung macht deutlich, daß hier eine internationale Front dabei ist, sich zu formieren. Der französische, der englische und der amerikanische Imperialismus sowie die satte Bourgeoisie Hollands bilden, im Verein mit der neuen Stalin-Bourgeoisie, eine Front gegen den mitteleuropäischen Block und Italien. Der Betrug dieser Komitees, die freundschaftlichen Besuche Herriots und des französischen Luftfahrtministers in Moskau und die „erfolgreichen" Konferenzen

Litwinows mit Sir John Simon sowie auf der anderen
Seite das von der japanischen Regierung verhängte
Verbot jedweder Anti-Hitler-Publikation zeigen uns
die großen Risse innerhalb der kapitalistischen Welt.
Diese Risse geben an, wo in dem schnell näherkom-
menden Weltkrieg Schützengräben und Massengräber
auf Millionen von Proletariern warten werden. Mas-
ken ab, meine Damen und Herren, zeigen Sie dem
Arbeiter Ihr wahres Gesicht!

DIE JUGEND DES VAN DER LUBBE

Der Sensationsroman in dem Braunbuch beginnt
mit der Mitteilung, daß Marinus van der Lubbe am
13. Januar 1909 in Leiden geboren wurde. Wir müssen den gewissenhaften Autoren des Braunbuches
Gerechtigkeit widerfahren lassen und bestätigen, daß
diese Mitteilung richtig ist. Mit der Angabe des
Geburtsdatums endet allerdings auch die Reihe von
Wahrheiten, die im Braunbuch über Marinus van der
Lubbe publiziert werden. Um sofort darzulegen, wie
schlampig die Autoren gearbeitet und welch hinter-
listiger Tatsachenverdrehungen sie sich bedient
haben, ist es nur nötig, schon den zweiten Absatz
des Kapitels, das von Marinus van der Lubbe handelt,
in ganzer Länge zu zitieren. Auf Seite 44 steht:
„Das Kind erhält den Namen Marinus. Die Mutter,
Petronella van Handel, ist mit Franciscus Cornelis
van der Lubbe in zweiter Ehe verbunden. Tochter
eines reichen Bauern aus Nord-Brabant, heiratete
sie in jungen Jahren den Kolonialunteroffizier van
Peuthe. Sie gebar ihm eine Tochter und drei Söhne.
Peuthe starb verhältnismäßig jung an einer Krankheit, die er sich in den Kolonien geholt hatte. Seine
Witwe ehelichte kurz nach seinem Tode den Hau-

sierer van der Lubbe, der in Leiden ein Geschäft
betrieb. Dieser Ehe entsprangen drei Söhne. Marinus war das siebente und letzte Kind der Petronella
van Handel."

Man schnuppere einmal vorsichtig an diesem Gebin-
de aus Unwahrheiten, Lügen und Tatsachenverdrehungen. Es empfiehlt sich allerdings, nicht mehr als
eine Nase voll zu nehmen, um nicht auf der Stelle von
dem Gestank in Ohnmacht zu fallen, der aus diesem
Pfuhl aufsteigt. Zum ersten einmal ist es nicht wahr,
daß Peuthe verhältnismäßig jung starb, sondern
er starb im Gegenteil „verhältnismäßig" alt, und zwar
1919 mit rund 70 Jahren. Würde es nun stimmen, daß
sie „kurz nach seinem Tode" wieder geheiratet hat, so
könnte van der Lubbe, das dritte Kind aus dieser
Ehe, im Augenblick, selbst wenn sein Vater und
seine Mutter wenigstens einmal jährlich für einen
neuen Erdenbürger gesorgt hätten, nicht älter sein
als 11 oder 12 Jahre. Die listigen Braunbuchjäger
sind hier jedoch in die eigene Schlinge getreten.
Peuthe mußte jung sterben, weil er an einer „gewissen" Krankheit gelitten haben soll, die er sich in
den Kolonien zugezogen habe. Nun dürfte aber als bekannt gelten, daß es für den gemeinen Soldaten in
Indien nicht viel mehr zu holen gab als den Wilhelms-
orden und die Syphilis. Im Vertrauen auf die Un-
aufmerksamkeit ihrer Leser meinten die Braunbuchschreiber, es genüge, von „einer Krankheit" zu
sprechen, um zu suggerieren, daß die Familie, aus der
Marinus stammte, vorbelastet genug gewesen sei, um
degenerierte Nachkommen hervorzubringen. Doch
Peuthe starb genausowenig „verhältnismäßig jung an
einer Krankheit, die er sich in den Kolonien geholt
hatte", wie van der Lubbe heute 13 Jahre alt ist.
Die gleiche dümmliche Schmutzigkeit legte man

54

auch bei dem Porträt der Familie van der Lubbe an den Tag, das sich im Braunbuch gegenüber von Seite 137 findet. Als Unterschrift prangt unter dem Bild: „Franziskus Cornelis van der Lubbe und Petronella van Handel mit dem Kind Marinus". Dabei war es Dr. Katz, dem Braunbuch-Inquisitor, der das Porträt von der Familie Sjardijn nur mit der ausdrücklichen Zusage erhalten hatte, daraus, aus Pietät gegenüber der Mutter, nur das Bild des Vaters zu veröffentlichen, bekannt, daß das auf dem Porträt abgebildete Kind nicht Marinus, sondern dessen älterer Bruder war. Dies war ihm gleichzeitig mit der Mitteilung, daß das Photo vor dreißig Jahren entstanden war, gesagt worden. Dies ist der Beweis, daß Otto Katz, der der Wahrheit zu dienen hatte, sich wissentlicher Verfälschung und des Wortbruches schuldig gemacht hat.

Hier ein paar schlagende Beweise für die „Vertrauenswürdigkeit" dieses Individuums:

Marinus habe Angst vor Mädchen.

Sobald sie bei der Beschreibung von Marinus' Jugend ungefähr bei seinem zwölften Lebensjahr angelangt sind, beginnen die braunen Edelleute bereits, ihren Leserkreis darauf vorzubereiten, daß Marinus eine merkwürdige Erscheinung ist, und ohne es schon auszusprechen, läßt man den scharfsinnigen Leser zwischen den Zeilen lesen, daß durchaus mal ein Homosexueller aus diesem seltsamen Vogel werden könnte. Nun ist es uns persönlich zwar völlig einerlei, ob einer Homosexueller, Schwergewichts-Champion, Spiritist oder sonst etwas ist, da Marinus' angebliche Homosexualität hier aber den Zweck erfüllen soll, später seine Bekanntschaft mit den Nazis zu erklären, müssen wir auf diesen Punkt trotzdem eingehen. Der erste Stich wird dem Opfer auf Seite 46 versetzt:

„Sie (seine Kameraden) necken ihn aber auch wegen seiner Scheu vor Mädchen. Diese Besonderheit des Marinus van der Lubbe ist so stark und augenfällig, daß seine früheren Schulkameraden übereinstimmend heute noch davon erzählen. Er war nicht zu bewegen, in Mädchengesellschaft zu gehen. Er suchte seine Liebe in den Reihen der Schulknaben und Altersgenossen."

Die zweite Injektion mit dem homosexuellen Bazillus verabreichen sie ihm auf Seite 47:

„Umso unerklärlicher ist den Maurergesellen, daß Marinus van der Lubbe eine solche Scheu vor Frauen hat."

Wir können die Geschichte von van der Lubbes Jugend so, wie sie im Braunbuch wiedergegeben wird, hier nicht einfach weiter abhandeln, sondern müssen uns mit der Beschuldigung der Homosexualität, die desto nachdrücklicher wird, je näher der Augenblick seines angeblichen Treffens mit Dr. Bell kommt, etwas länger beschäftigen.

Zum ersten finden wir auf Seite 52 eine gemeine Verstümmelung einer Erklärung Izak Vinks, eines der Freunde van der Lubbes. Dort steht: „Izak Vink hat unserem Berichterstatter erzählt, daß er mit van der Lubbe oft in einem Bett geschlafen hat." Warum steht hier nicht der ganze Satz, so, wie er von Vink gesagt worden ist, nämlich: „Ich habe mit van der Lubbe oft in einem Bett geschlafen, **ohne etwas von homosexuellen Neigungen bei ihm bemerkt zu haben.**" Dies ist etwas völlig anderes als diese Verstümmler von Sätzen und Zerstörer des proletarischen Rufes daraus gemacht haben. Und glaubt dieser gerissene Fälscher Dr. Otto Katz eigentlich wirklich, daß Vink oder wer auch immer es öffentlich gesagt hätte, wenn er tatsächlich homosexuell gewesen wäre?

Hier folgen einige Erklärungen über diese angebliche Homosexualität, nicht von **ungenannten** Personen, die wie im Braunbuch im Dunkeln bleiben, sondern von Arbeitern, die es wagen, ihren Namen zu nennen:

Erklärungen:

Als Otto Katz mich fragte, ob ich jemals etwas von homosexuellen Neigungen bei Marinus van der Lubbe bemerkt habe, sagte ich ungefähr: „Nein, ich habe so etwas nie bei ihm bemerkt oder davon etwas gehört."

Und im übrigen, wenn jemand davon wissen könnte, dann doch wohl ich, denn er hat verschiedene Male bei mir geschlafen. Ich hätte das dann doch wohl gemerkt, wenn da etwas dran wäre. Im Braunbuch mußte ich feststellen, daß meine Erklärungen völlig verkehrt und verdreht wiedergegeben worden sind.

gez. I. de Vink

Hiermit erklärt der Unterzeichner, daß er mit Marinus van der Lubbe verschiedene Male schwimmen gewesen ist und zum Training für seine Kanalüberquerung selbst eine ganze Nacht mit ihm an der See verbracht hat, ohne jemals etwas von Abweichungen auf sittlichem Gebiet bemerkt zu haben.

(gez.) S. van Erkel
Kathrijnenstraat 6a, Leiden

(Der Unterzeichner dieser Erklärung ist Mitglied der CPH.)

Leiden, 11.8. '33

Mit aufrechter Empörung nimmt der Unterzeichner

Stellung gegen die abscheuliche Verleumdung gegen van der Lubbe in „De Tribune" vom Dienstag, dem 8. August 1933.

In diesem Organ wird van der Lubbe vorbehaltlos als Homosexueller dargestellt.

Diesem widerspricht der Unterzeichnete mit Nachdruck, da van der Lubbe sehr häufig über Nacht in seinem Hause verweilte und es dabei niemals das mindeste Anzeichen dafür gegeben hat, daß die obengenannte Abweichung van der Lubbe zueigen wäre.

(gez.) H. W. van Zijp,
Uiterste Gracht 56, Leiden

Soweit ich es überprüfen kann, habe ich niemals feststellen können, daß van der Lubbe an Homosexualität litt. Ich habe geraume Zeit mit ihm ein Zimmer geteilt.

(gez.) D. K. Korpershoek
Vliet 36, Leiden

Der Unterzeichner kennt van der Lubbe fast neun Jahre. Lubbe war bei mir Hausfreund, wohnte bei mir zur Untermiete, ich war mit Rinus schwimmen usw. Niemals sind bei Rinus Symptome zutage getreten, die die erwähnte Verleumdung beweisen könnten.

(gez.) S. J. Harteveld,
Levendaal 74, Leiden

Leiden, 13. Sept. 1933
Der Unterzeichner, welcher mit M. v. d. Lubbe von 1924 bis 1932 sowohl in der CPH als auch auf Baustellen, beim Sport und beim Zelten Umgang hatte, erklärt, niemals irgendeine Abweichung auf sexuellem Gebiet, insbesondere homosexuelle Neigungen, bei dem erwähnten M. v. d. Lubbe festgestellt zu haben.

Zugleich erklärt der Unterzeichner, von den vielen, die mit M. v. d. Lubbe Umgang hatten, nichts gehört zu haben, was auf eine Abweichung hindeutete.

Niemand hat jemals eine Andeutung in dieser Richtung gemacht.

(gez.) Ch. H. Verhoecke,
Driftstraat 90, Leiden

Zum Schluß noch etwas über die raffinierte Art und Weise, wie der Intellektuelle Katz versuchte, der Familie van der Lubbes Erklärungen über diese angebliche Homosexualität abzunötigen.

Bevor die proletarischen Kulturvermittler vom Braunbuch die Leute mit einem Besuch „beehrt" haben, hatten diese einfachen Arbeiter von dem, was man „Homosexualität" nennt, keine Vorstellung. Katz erzählte, er habe gehört, das sich Marinus schon in seiner Jugend, was Mädchen betraf, sehr sonderbar benommen haben soll. Die Familie, die fürchtete, der Verdacht der Zügellosigkeit könne auf Marinus fallen, die aber diesem Herrn gegenüber, „der es so gut mit dem Jungen meinte", auch nicht lügen wollte, gab zur Antwort, daß Marinus als Junge schon mal mit Mädchen gescherzt habe, sich aber doch nicht schlechter betragen habe als andere Jungen seines Alters. Dr. Katz bekam hier genau das Gegenteil dessen zu hören, was er eigentlich hören wollte, und konnte, trotz der Befürchtungen der Familie, Marinus als Rumtreiber dargestellt zu sehen, keine Erklärung über ein besonderes Verhältnis zu „Freunden" herausbekommen.

Marinus vor dem Operetten-Gericht in London:

Die Redaktion der Tageszeitung „De Tribune"

hat wiederholt in ihren Kolumnen darauf gedrungen, daß das Van-der-Lubbe-Komitee die Briefe und Unterlagen, die in seinem Besitz seien, veröffentlichen sollte. Tat man das, um Marinus' Interessen zu dienen und ihn eventuell doch noch zu rehabilitieren? Ganz im Gegenteil. Man verlangte die Veröffentlichung aus Angst; man fürchtete, daß die im Besitze unseres Komitees befindlichen Dokumente nicht vor dem Termin der Sitzung in London veröffentlicht würden, so daß keine Zeit bliebe, die Fakten mit denselben Methoden, wie sie bei der Zusammenstellung des Braunbuches angewendet wurden, zu dem Zwecke zu verfälschen, die Geschehnisse in einer van der Lubbe schädlichen Weise darzustellen.

Und auch die „Telegraaf"-Redaktion fischte in diesen trüben Gewässern. Um Marinus Gerechtigkeit widerfahren zu lassen? Davon kann keine Rede sein. Diese Vergifter der Volksmeinung bedurften lediglich sensationeller Berichte für ihre Leser.

Die „Tribune" hat auch anklingen lassen, daß das Van-der-Lubbe-Komitee der „proletarischen" Presse Informationen und Fakten vorenthalte, während es diese aber einem bürgerlichen Blatt faschistischen Charakters wie dem „Telegraaf" sehr wohl habe zukommen lassen. Obwohl dieses Buch nicht der Verteidigung unseres Komitees, sondern der van der Lubbes dienen soll, erachten wir es doch als notwendig, hier zu erklären, daß von unserer Seite bis zum Zeitpunkt des Erscheinens dieses Buches weder ein Dokument zur Einsicht noch Informationen an die Redaktion irgendeines Blattes weitergegeben worden sind, mit Ausnahme der Pressekommuniqués, die die Presseagentur Vaz Dias von uns erhalten hat. Nur einmal, im Hause Hartevelds, hat es eine zufällige Begegnung eines Mitgliedes unseres Komitees mit einem „Telegraaf"-Redakteur gegeben, der dort unerwartet erschienen war. Auch bei dieser Begegnung wurde, abgesehen von einer Mitteilung über die Zielsetzung unseres Komitees, jede weitere Information verweigert. Es ist nicht auszuschließen, daß einer von van der Lubbes Freunden, bevor er unserem Komitee beitrat, Informationen an die Presse weitergab, aus seinem Eifer heraus, den Freund von der Schande reinzuwaschen, mit der der Publikationsapparat der III. Internationale ihn bedeckt hatte. Wir können diese Haltung verstehen, wenn wir sie auch nicht billigen können, da die bürgerliche Presse, diese verächtlichste Hure des Kapitalismus, in unseren Augen weder das Recht noch die Macht hat, die Verteidigung eines Proletariers zu übernehmen.

Und von dem „Tribune"-Redakteur Dr. jur. de Leeuw, diesem proletarischen Snob, dessen affiges und zugleich stümperhaftes, von Menschenkenntnis ungetrübtes Geschreibsel schon so oft davon zeugte, daß er nichts vom proletarischen Geist begriffen hat und daß proletarisches Zusammengehörigkeitsgefühl, das die Basis des Klassenbewußtseins ist, ihm völlig fremd ist, erwarten wir noch am allerwenigsten Sprüche und entrüstete Ausrufe wie: „Her mit den Briefen!". Seine Advokatenschliche prallen von uns ab, das Geschwätz dieses Nagetiers kann uns keine Angst einjagen, um uns zu verblüffen, braucht es ein anderes Wesen als dieses im Moskauer Brutkasten gezüchtete Insekt, das zwar ein großes Maul, aber keinen Leib besitzt. Nein, werter Herr, die Briefe kommen jetzt dorthin, wo sie hingehören: in die Hände der Arbeiter, deren Meinungen von Ihren dreckigen Schreibereien und denen Ihres heimtückischen Freundes Katz vergiftet wurden, und nicht zu Ihnen oder Ihrer „Tribune", denen man beiden nicht trauen kann und die verlogen und arbeiterfeindlich sind.

Und jetzt genug davon; nachdem dieser Schmutz vom Stift gewischt ist, können wir fortfahren.

Am zweiten Tag des Gegenprozesses in London, nachdem man erst die wohlwollende Mitarbeit des früheren Berliner Polizeipräsidenten Greszinski, einem Sozialfaschisten, der der deutschen Bourgeoisie mit Knüppeln und Gewehren stets treu gedient und der den Tod zahlloser Revolutionäre auf dem Gewissen hat, für die proletarische Sache herbeigerufen hatte, wird van der Lubbes Homosexualität wieder hervorgeholt. In dem ausführlichen Bericht über diese Sitzung, der am Samstag, dem 26. September 1933, in der „Tribune" erschienen ist, lesen wir:

„Unwiderlegbar steht gemäß den Zeugenaussagen fest, daß van der Lubbe homosexuell ist."

„Unwiderlegbar steht fest". Gewiß! Jedermann hereinspaziert! Das große Kungel- und Greuelzelt der III. Internationale. Tretet ein und seht, wie hier alle Geheimnisse mit Ei und Kaffeesatz entschleiert werden, wie man beweist ohne Beweise, wie man Schandknaben und Päderasten züchtet. Und Gott sprach: Es werde Licht. Und es ward Licht. Und die Fälscher sprachen: Dort sei ein Schwuler. Und es war dort einer! Die Zeugen sagen es! Nur wer denn eigentlich, meine Herren? Wir bitten Sie, den in diesem Buch enthaltenen entschiedenen Gegenaussagen nur eine einzige klare, ungekürzte Beschuldigung gegenüberzustellen.

Dazu haben Sie sich aber als unfähig erwiesen. Erst erscheint der große Unbekannte W. S., der wieder seine Geschichte von der spurlos verschwundenen Liebesliste Röhms erzählt, auf der sich nur Vornamen, ohne Zusätze, so wie Fritz, Adolf, Ernst usw. fanden, mit einer Ausnahme, nämlich der Name van der Lubbes. Ja, Nachbarin, da stand es doch tatsächlich: „Ein Viertel der Seite über dem unteren Rand sah ich einen Namen, der mir durch seine Ungewöhnlichkeit auffiel: Marinus van der, und dann ein oder zwei Buchstaben, die ich nicht gut lesen konnte, S, T, L oder H, dann ...ubbe und dahinter Holland" (Bericht aus „Het Volk" vom Samstag, dem 16. September 1933).

Doch vernünftig von Dr. Bell, auf einer Liste mit lediglich kurzen Namensandeutungen den Namen van der Lubbes ganz auszuschreiben, und obendrein noch mit dem Namen des Landes, aus dem er stammte, dahinter. Man war in Deutschland zu der Zeit natürlich schon hypernationalistisch und wollte den ausländischen Homosexuellen vom deutschen unterscheiden. Aber meine Herren Richter, im Namen von allem, was nach politischem Schwindel stinkt, um sagen zu können, jemandes Schuld habe sich in einem bestimmten Fall „unwiderlegbar herausgestellt", bedarf es wohl anderer *Beweise* als dieses Kreuzworträtsels. Kein Problem, nicht wahr: Als Krönung von allem kommt dann die Erklärung des Literaten Freek van Leeuwen. Angesichts des Sachverstandes van Leeuwens auf dem Gebiet der Homosexualität hatten wir uns darunter sehr viel vorgestellt, doch sie führte zu nichts. Freek bekam die Reisekosten aus der gut versorgten Kasse Ihres Komitees ersetzt, machte eine Bootsfahrt nach London, und was sagt Freek dann in seinem Eifer, dem proletarischen Recht zu dienen, und aus Dankbarkeit für die Bootsfahrt? Bringt Freek den „unwiderlegbaren Beweis" für van der Lubbes Homosexualität? Fehlanzeige — Reisekosten weg, hochgespannte Erwartungen weg. Van Leeuwen erklärt nichts anderes, als jeder andere an seiner Stelle auch hätte erklären können: Sein Eindruck sei gewesen, daß van der Lubbe homosexuell sei; diesen Eindruck habe er immer behalten. Herzlichen Glückwunsch zur Bewahrung Deines Eindrucks, Freund van Leeuwen, aber ein überzeugender *unwiderlegbarer* Beweis ist Deine verschwommene Erklärung am allerwenigsten. In Deiner, nur in Deiner Macht hätte es gelegen, beispielsweise zu sagen, daß es Deine absolute Gewißheit und Überzeugung sei, Marinus sei homosexuell gewesen. Daß Du dies unterlassen und es nicht zu mehr als einer Andeutung gebracht hast, beweist, daß Du *nichts* mit Sicherheit weißt.

Genug davon.

Im Anhang dieses Buches ist das Porträt einer ungarischen Frau abgedruckt, zu der van der Lubbe eine Liebesbeziehung gehabt haben soll. Im Braunbuch steht, Marinus van der Lubbe habe dieses Mädchen aus einem Budapester Bordell befreien wollen, und wenn das in dem durch seine Klarheit und Aufrichtigkeit überzeugenden Braunbuch steht, so wird es wohl stimmen. Selbst den Psychoanalytiker Prof. Freud spannt man vor seinen Karren und sagt, daß es ein typischer Zug Homosexueller sei, Mädchen vom Bordell erlösen zu wollen, und daß Freud dieses Verlangen „den Parsivalkomplex" nenne. Man sagt jedoch nicht dazu, daß diese Neigung, laut Freud, auch bei sexuell normalen Jungen häufig vorkommt.

Wir wünschen nicht, in die Fußstapfen der Braunbuchschreiber zu treten, und halten daher nichts davon, nichtssagende Abbildungen in unser Buch aufzunehmen, um den Anschein guter Dokumentierung zu erwecken. Darum weisen wir ausdrücklich darauf hin, daß wir dieses Photo nicht veröffentlichen, weil wir ihm irgendeinen Wert als Dokument

zur Verteidigung van der Lubbes beimäßen. Wir veröffentlichen dieses Photo im Rotbuch, weil wir
hoffen, daß einer der vielen Leser dieses in vier
Sprachen erscheinenden Buches *) diese Frau auf
dem Bild erkennen wird und uns — falls möglich —
ihren Namen und Wohnort vermitteln wird, damit wir
versuchen können, von dieser Frau eine Erklärung
über ihre Beziehung zu van der Lubbe zu bekommen.

Und jetzt wird ein Faschist aus ihm gemacht!

Bevor Sie dieses Kapitel unseres Buches lesen,
schlagen wir Ihnen vor, das im Schlußteil dieser Arbeit aufgeführte Tagebuch und die Briefe van der
Lubbes zu lesen. Falls Sie sich jemals im unklaren
darüber gewesen sein sollten, ob dieser Mann, wenn
schon kein ausgesprochener Faschist, so doch jemand
mit mehr oder weniger faschistischem Gedankengut
gewesen ist, so sind wir davon überzeugt, daß dieses
Mißtrauen durch die Lektüre von Marinus' eigenen
Äußerungen vollkommen verschwinden wird.

Diesbezügliche Beschuldigungen an die Adresse
van der Lubbes in Presse, Braunbuch und in London
vorgetragen, entbehren wirklich jeder Grundlage.
Dieser „Provokateur" ist sich selbst treu und deshalb
ein revolutionärer Proletarier geblieben. Untersuchen
wir doch einmal den Inhalt der Anschuldigungen im
Braunbuch. Zuallererst finden wir darin die Abschrift
eines mit einem Stempel versehenen Schreibens, das
die Unterschrift eines Notars trägt und auf den ersten
Blick sehr wichtig aussieht. Lesen wir jedoch den
Text, dann bleibt von dieser scheinbaren Wichtigkeit

*) Dieses Vorhaben wurde nicht verwirklicht. Anm.
d. Hrg.

nicht viel übrig. Was haben die 5 Unterzeichner dieses Protokolls über den Faschisten van der Lubbe auszusagen? Wir werden es wiederholen: Sie sagen, daß van der Lubbe den Faschismus nicht gänzlich ablehnte. Das ist ein Armutszeugnis für den armen Jungen. Und warum soll er den Faschismus nicht völlig abgelehnt haben? Weil er auf einer von dem Faschistenführer Baars am 6. Oktober 1932 in Leiden veranstalteten öffentlichen Versammlung (wir zitieren wieder aus dem Protokoll):

erstens: als zahlreiche anwesende Arbeiter ihr Mißfallen über den Auftritt des Faschistenführers Baars kundtaten, auf einen Stuhl sprang, das Wort ergriff und diese ermahnte, den Sprecher in Ruhe anzuhören;

zweitens: durch seine zögernde Haltung in der Debatte, die er keineswegs *im Namen der Kommunistischen Partei Hollands* führte, jedweden direkten Angriff auf die Faschisten vermied, die, wie er sich ausdrückte, „doch auch Arbeiter seien."

Mehr nicht, aber für die Ankläger ist das ausreichend. Nur weil van der Lubbe tat, was jeder andere vernünftige Mensch, der eine einigermaßen fruchtbare Diskussion führen will, an seiner Stelle auch getan hätte, indem er Redefreiheit für seinen Widersacher forderte, ist er ein . . . Faschist. Weil er offenbar über mehr Menschenkenntnis und politische Einsicht verfügt als die Herren von der CPH, soll er . . . ein Faschist sein.

Weil er (aufgepaßt, jetzt wird die Katze aus dem Sack gelassen) „keineswegs im Namen der CPH spricht", sei er ein Faschist.

Wir kommen auf eine andere Passage des Braunbuchs zurück: Um noch einen Beweis für van der Lubbes faschistische Gesinnung zu konstruieren, publiziert das Braunbuch einen Bericht über eine Versammlung streikender Fahrer, bei der van der Lubbe ebenfalls an der Diskussion teilnahm.

Wir wollen zunächst erwähnen, daß dieser von einem „Tribune"-Korrespondenten geschriebene Bericht nicht in der „Tribune" aufgenommen, sondern ungefähr 9 Monate später nach der Brandstiftung zum Glück gerade rechtzeitig gefunden wurde.

Dieser Bericht, dessen Echtheit im Braunbuch mit 12 Unterschriften „bewiesen" wird, ist dennoch gefälscht.

Um zu zeigen, wie diese Unterschriften zustande gekommen sind, führen wir folgende Erklärungen an:

17. September 1933

Hiermit erkläre ich, daß die im Braunbuch wiedergegebene Darstellung, ich hätte bestätigt, daß van der Lubbe auf der im Braunbuch erwähnten Fahrerversammlung im faschistischen Sinne oder mit ebensolcher Tendenz gesprochen habe, falsch ist. Ich habe einen Bericht in der „Tribune" mit der Absicht unterzeichnet, um zu dokumentieren, daß van der Lubbe nicht als CPH-Mitglied sprach. Ich habe erklärt, daß er als Rätekommunist debattierte. Der Satzteil im Braunbuch, der van der Lubbe als Fürsprecher von Einzelaktionen auf der fraglichen Veranstaltung ausgibt, ist unwahr. Van der Lubbe betonte die Notwendigkeit des selbständigen Auftretens der Arbeiter, unabhängig von Partei und Gewerkschaften.

2 de Callandstraat 24,
Den Haag,
gez. G. Nieuwkuyk

Wie aus dieser Erklärung des in Haager Arbeiterkreisen gut beleumundeten Arbeiters hervorgeht, der obendrein noch Mitglied der CPH ist, ist der van der Lubbe in den Mund gelegte Satz, er sporne zu Einzelaktionen an, ihm absichtlich unterstellt worden, um seine politischen Auffassungen zu diskriminieren. Aber jeder Arbeiter, dem die Arbeiterbewegung nicht fremd ist, weiß, daß Rätekommunisten keineswegs Einzelaktionen propagieren.

Außerdem widerspricht dieser Satz in derart eklatanter Weise seinen übrigen Äußerungen, die gerade beweisen, daß er nicht zu individuellen Aktionen aufrief, sondern dem selbständigen Auftreten der Arbeiter die größte Bedeutung zumaß.

Was die Verworrenheit dieser Ansichten anbelangt, verweisen wir darauf, daß dieselbe Theorie, wenigstens die wichtigsten Gedankengänge, von den „besten Marxisten West-Europas" (Lenin), unter ihnen Dr. Herman Gorter und Rosa Luxemburg, propagiert wurde.

Und dieser Faschist, dieser Provokateur und Verräter, schreibt in seinen Briefen aus Deutschland Sätze wie die folgenden:

„Und dann fallen die Toten sicher nicht durch das Schwert der Arbeitenden, sondern die Arbeiter, die gegen die Notverordnung Brünings und für „Brot und Arbeit" kämpfen, fallen unter dem Schwert des Faschismus."

Wir werden seine Verteidigung kurz anderen überlassen und im folgenden Erklärungen von Arbeitern abdrucken, die van der Lubbe persönlich gekannt haben.

Als Unterzeichner erkläre ich, daß ich van der Lubbe öfters persönlich begegnet bin, verschiedene Gespräche mit ihm geführt und seinen politischen Umgang gekannt habe. Ich kann bestätigen, daß er stets revolutionär gehandelt und gedacht hat, was jeder in Leiden, der ehrlich und aufrecht ist, durch Tatsachen beweisen können wird. Kein einziger Arbeiter glaubt den Verleumdungen in der „Tribune", die man dem Genossen van der Lubbe unterstellt.

gez. J. H. van Leeuwen
Schimmelstraat 22a. Leiden

Leiden, 14. August 1932

Obwohl die politischen Ideen des M. van der Lubbe nicht mit den meinen übereinstimmen, erklärt der Unterzeichner, daß van der Lubbe auf öffentlichen Versammlungen vehement gegen den Faschismus Stellung bezog, und daß ich mich nicht dem Geschreibsel in der „Tribune" anschließe.

M. van der Lelie,
N.A.S.-R.S.P.-Mitglied

Der Unterzeichner erklärt hiermit, daß sich Marinus van der Lubbe während der Zeit, in der ich ihn kenne, als ein Mann mit hoch entwickelten revolutionären Anschauungen zu erkennen gegeben hat. Dies kann ich umso mehr bekräftigen, weil ich ihn sehr gut kenne, denn ich habe mit ihm für Spartacus, für den er tagelang unterwegs war, zusammengearbeitet. Bis zu seiner letzten Reise nach Deutschland sympathisierte er nicht nur mit Spartacus, sondern arbeitete auch für ihn. Ich erkläre, daß es eine bewußte Lüge ist, wenn behauptet wird, van der Lubbe zeige auch nur die geringste Sympathie für den Faschismus. Er hat durch seine Taten gezeigt, daß er den Faschismus ernsthaft bekämpft.

gez. D. Korpershoek

Leiden, 15. August 1933

Der Unterzeichner erklärt hiermit, daß die Verdächtigung in der „Tribune" meines Wissens eine schmutzige Verleumdung der Person van der Lubbes ist. Ich habe van der Lubbe sowohl im häuslichen Freundeskreis als auch politisch gekannt. Obwohl er einer anderen politischen Richtung angehört, „mit der ich nicht übereinstimme", besitzt er eine hohe charakterliche Integrität.

gez. P. J. Vijlbrief,
Julianastraat 3, Leiden

Leiden, 14. August 1933

Anläßlich des Falles van der Lubbe erkläre ich, daß dieser m. E. zwar wirre, aber keine faschistischen Ideen hatte, soweit ich dies beurteilen kann.

gez. C. H. Heemskerk

Erklärung der LAO im „Spartacus" Nr. 19 vom 19. März 1933:

Wir hatten den besonderen Vorzug, bis vor kurzem mit ihm in Verbindung gestanden zu haben. Wir haben ihn als einen treuen, unermüdlichen und aufopfernden Kämpfer für den Kommunismus, als wahrhaft revolutionären Arbeiter mit einem hellen und scharfen Verstand kennengelernt, für den der Kampf seiner Klasse zu Fleisch und Blut geworden ist. Wir wollen gerne in dieser verlogenen Zeit öffentlich für ihn Partei ergreifen und gegen die durch und durch üble, raffinierte und mit ganz bestimmten Zielen verfolgte Hetze des Führertums Stellung beziehen.

Aus dem Strafgefängnis in Den Haag: 19. August 1933.

Lieber Rinus,

Deinen Brief habe ich erhalten. Es kam für mich schon überraschend, daß ich an diesem Morgen festgenommen wurde, auch wenn es vorhersehbar war. Aber die Zeit wird schon vorübergehen. Ich las, daß die Aktion ein neues Stadium erreicht hat. Du schreibst mir, in der „Tribune" hätte gestanden, daß van der Lubbe „seit 1931" faschistische Reden gehalten hätte. Das ist natürlich eine üble Verleumdung, um die Aktion des Komitees platzen zu lassen, was aber sonst nicht gelingen wird. Daß die Herren von der KP ziemlich beleidigt sind, kann man schon verstehen. Da wird in der Broschüre so ausführlich auf das Scheitern des politischen Ränkespiels in Deutschland eingegangen, was diese lieber nicht veröffentlicht sehen wollten. Aber jetzt zu van der Lubbe: Ich habe ihn persönlich während des Fahrerstreiks sprechen gehört und auch selbst mit ihm gesprochen. Er hat dort wirklich wie ein Revolutionär gesprochen. Er teilte die Auffassungen der „Linken Arbeiter Opposition" (Gruppe Spartacus). Während des Gesprächs merkte ich, daß er mehr revolutionären Elan in sich hatte, als die Herren der CPH zusammengenommen. Van der Lubbe ist und bleibt ein Revolutionär. Anders wäre es gewesen, wenn Marinus van der Lubbe z. B. Reden in einem Geist wie dem folgenden gehalten hätte: „Das proletarische Vaterland" oder –, so wie es Stalin in seiner letzten Schrift ausdrückte, das nachweisen wollte –, „daß der Sozialismus in einem Land möglich wäre" und derartigen Unsinn mehr. Das ist lupenreiner Nationalismus und faschistisch. Wenn er das gesagt hätte, hätten sie recht gehabt. Da meine Frau den Artikel von Piet im „Freien" abgeschrieben hatte, konnte ich mir erlauben, dies sehr wohl von Müller-Lehning zu behaupten, der nämlich den Wijnkoops und Vissers in dieser Sache die Hand reichen kann — und das nennt sich dann Salz der Erde. Bewahrt mich bloß vor solchem Salz! Sie haben alle die Sache van der Lubbe schamlos ausgenutzt. Aber er hat unsere moralische Unterstützung, und er wird sie bis zum Schluß behalten. Nun, Rinus, ich hoffe, mit diesen paar Worten für die gute Sache beigetragen zu haben und mache jetzt Schluß. Du siehst, daß mir das Papier ausgeht. Hoffentlich höre ich noch Näheres über das Komitee. Grüße Greet und auch die anderen von mir.

P.S. Dies ist ein Extrabrief, um den ich gebeten habe, also kein Opfer meinerseits. Alles Gute und gib ihn meiner Frau zum Lesen.

gez. Roos

12. August 1933

Ich muß der in verschiedenen Artikeln in der „Tribune" erhobenen Unterstellung, Genosse Rinus van der Lubbe hätte sich auf öffentlichen Versammlungen für die Partei des Faschisten Baars ausgesprochen, aufs heftigste widersprechen . . . Obwohl ich nicht einer Meinung mit ihm bin, so muß ich doch betonen, daß Genosse van der Lubbe mehr Proletarierblut in seinem kleinen Finger hat als die ganz Amstel 85. Warum? Er hatte die Intrigen satt und stellte sich in den Dienst des Proletariats. Er beurteilte auf seine Art die zwei großen Blöcke, links und rechts, und dachte natürlich „jetzt oder nie", handelte also revolutionär. Es wird genug geschrieben, meine Herren, nicht die Tat, nicht Rinus, sondern Ihr! Ihr seid die Vorhut des Faschismus, das muß jedem Arbeiter so wie mir klar sein. Weg mit den Schmierfinken und Bonzen.

gez. G. Finkler
Oranjegracht 29, Leiden

Leiden

Der Unterzeichner, Vorsitzender des Örtlichen Arbeiterausschusses in Leiden sowie der Sektion Leiden der Revolutionären Sozialistischen Partei, erklärt hiermit, daß, soweit ich es beurteilen kann, Marinus van der Lubbe niemals faschistische Neigungen gezeigt hatte oder der Arbeiterbewegung feindlich gesinnt war. Trotz unterschiedlicher Meinung halte ich ihn für einen revolutionären Arbeiter.

gez. L. de Bolster

Leiden, 11.9.'33

Schon früher habe ich, S. J. Harteveld, wohnhaft Levendaal 74 in Leiden, zu zeigen versucht, welch schäbiges Machwerk das Braunbuch ist (Verfasser Otto Katz). Da alle Gemeinheiten zurechtrücken ein eigenes Buch schreiben hieße, will ich mich kurz fassen. Leser des Braunbuches, auf Seite 59 wird behauptet, M. van der Lubbe hätte sich im Juni 1932 in Meisden aufgehalten. Die internationale Presse vom 6. März 1933 schreibt dasselbe, nur mit dem Unterschied, daß in der Presse der 1. Juli als Datum genannt wird. Nun habe ich dies nur deswegen erwähnt, um einmal aufzuzeigen, wie „Katz" an den Juni kommt. Die Verfasser des Braunbuchs behaupten nämlich, daß sie ihr Material anderen Quellen entnehmen und unter Lebensgefahr zusammenstellen würden. Nachdem sie mich zuvor über ihren Besuch benachrichtigt hatten, suchten mich ein Herr und eine Dame am Sonntag nachmittag um 5 Uhr auf. Der Herr war Otto Katz, Verfasser von „Männer im Eis", einer Nordpol-Tragödie, die Dame war Annie van der Veer aus der Warmoesstraat in Amsterdam. Da ich wußte, aus welchem Grunde sie kamen, ließ

73

ich sie natürlich abblitzen, was sie bei ihrem Abschied selbst zugaben. Ich war übrigens nicht der einzige, der von ihnen ausspioniert wurde. Und doch haben sie noch etwas erreicht: Katz bestand weiterhin fest darauf, daß sich M. van der Lubbe am 1. Juli in Meisden in Deutschland aufgehalten habe. Katz: „Die ganze Presse sagte es doch". Mit Beweisen habe ich Katz dann davon überzeugt, daß dies genauso wie so vieles, was die Presse damals lancierte, eine Lüge war. Angesichts meiner Beweise mußte Katz seine Behauptung aufgeben, doch tat er noch so, als ob er dazu stünde, aber das war nur Tarnung. Er hatte sein Ziel erreicht, denn ihm ging es nur um das richtige Datum. Falls ich ihm dieses nicht gegeben hätte, wäre auch Katz mit der Presse geschwommen, die vom 1. Juli ausging. Ich gehe deshalb so ausführlich auf diese Vorkommnisse ein, um aufzuzeigen, daß die Herausgeber des Braunbuchs über wenig oder kein Material verfügten und das, was sie hatten, von den Genossen und Freunden van der Lubbes bekamen. Doch dies verfälschten sie, um es gegen van der Lubbe verwenden zu können. Da ich den feigen Schuft Katz damals schon durchschaute, habe ich ihn gewarnt, keine dummen Dinge anzustellen, was er auch versprach. Seht Euch die Heldentenore an, die mit Todesverachtung die Wahrheit (?) gesucht haben. Hätte Katz damals aufrichtig gesagt, wie er sie mißbrauchen würde, dann hätte er wahrlich kein Braunbuch zusammenschmieren können.

Die Unterzeichner bekräftigen den Wahrheitsgehalt ihrer Aussagen.

(gez.) Chr. Harteveld-Jongeleen
S. J. Harteveld

50.000 Mark Belohnung:

74

„Pecunia non olet" (Geld stinkt nicht). Geld ist das Mittel, daß in unserer gesegneten kapitalistischen Gesellschaft gegen alle Qualen und Übel gebraucht wird. Aus Geld macht man Bonzen, man besticht Beamte, begeht Morde und führt Kriege des Geldes wegen. Was lag also mehr auf der Hand, als daß Marinus' Verleumder, die genau wissen, was Geld alles bewirken kann, ihn beschuldigen, von den Nazis für seine Provokation bezahlt worden zu sein? Wenn es überhaupt etwas gibt, was glasklar aus seinem Leben, seinen Taten, Worten und Gedanken spricht, dann ist es sein geringes Bedürfnis nach materiellen Gütern und insbesondere der geringe Wert, dem er Geld beimißt.

Und doch wagt es die „Humanité" mit der „Tribune" im Schlepptau, einen Bericht in die Welt zu setzen, in dem steht, daß van der Lubbe durch eine Belohnung von 50.000 Mark, die von den Nazis in Aussicht gestellt wurde, zu der Tat verführt worden ist. Otto Katz tritt in die Fußstapfen seiner journalistischen Kumpanen, wenn er im Braunbuch behauptet, van der Lubbe sei käuflich gewesen. Es geht uns gegen den Strich, hier alle dummen Lügen, die dieser Herr auftischt, zu wiederholen. Auch unsere Geduld und Ausdauer hat einmal ein Ende. Wir erklären ausdrücklich, daß van der Lubbe arm war und immer und unter allen Umständen, auch als er seinen „reichen politischen Liebesbeziehungen" in Deutschland nachging, arm geblieben ist. Wie arm er war, geht zur Genüge aus jener Tatsache hervor, daß ihm nämlich am 23. Februar 1933 ein Betrag von f 3,-- geschickt wurde, von dem sich eine Empfangsbestätigung der Post in unserem Besitz befindet, die man im Anhang abgebildet findet. Auch während seiner Gefangenschaft muß man diesem von den Nazis reichlich be-

lohnten käuflichen Missetäter noch einen Betrag von
f 1,78 zuschicken (unterste Quittung).

Als Gast bei Nationalsozialisten

Auf Seite 59 der deutschen Ausgabe des Braunbuchs befindet sich eine Geschichte über einen Aufenthalt van der Lubbes bei Nazis im sächsischen
Sörnewitz. Diese Geschichte hat eine Vergangenheit.

Sie stand in ungefähr allen Zeitungen der Welt.
Als Datum wurde in dieser Geschichte der 1. Juli 32
genannt.

Dr. Otto Katz besuchte bei seinen Nachforschungen die Freunde von Marinus in Leiden und teilte
ihnen die Version mit, die in der Presse verbreitet
wurde. Nun, sagten seine Freunde, wir können Ihnen
augenblicklich beweisen, daß dies nicht wahr sein
kann. Marinus wurde nämlich im Juni in Utrecht
verhaftet, um eine Strafe von 3 Monaten abzusitzen,
die er wegen des Einschlagens von Fensterscheiben
im Gebäude der Öffentlichen Armenfürsorge bekam, welche sich weigerte, ihn zu unterstützen. Er
wurde dort 9 Tage festgehalten und erst freigelassen, nachdem ihm seine Freunde f 1,50 schickten,
damit er in Berufung gehen konnte. Die wenigen
Wochen, die er dann bis zur weiteren Strafverbüßung
in Den Haag auf freien Fuß gesetzt wurde, waren
genau zu überblicken. Da saß Dr. Katz nun mit seiner
schönen Geschichte, um die es wirklich schade war.
Aber man kann sie „verbessern", so daß ein paar
lausige Proleten ihren Finger nicht drauflegen können. Und so wurde die Geschichte mit folgender
kleinen „Verbesserung" doch wieder im Braunbuch
abgedruckt: Aus dem 1. Juli wurde der 1. und 2.
Juni.

Erklärung von 3 Zeugen:

Wir erklären, daß Dr. Otto Katz in unserer Gegenwart aussagte, daß Marinus van der Lubbe am 1. Juli 1932 in Sornewitz, Sachsen, mit Naziführern gesehen wurde und bei ihnen wohnte. Obwohl wir ihm empört entgegneten, daß dies nachweislich unwahr sei, haben wir dieselbe Geschichte auch im Braunbuch gelesen, an dem Dr. Katz mitarbeitete, nur mit der Abänderung, daß aus dem Datum der 1. und 2. Juni '32 gemacht worden ist.

S. J. Harteveld
Chr. Harteveld-Jongeleen
I. de Vink

Die neue Geschichte

Jetzt die „verbesserte" Version. Hiernach soll Marinus am 1. und 2. Juni bei dem Nazi gewesen sein. Ein im Anhang dieses Buches wiedergegebener fotografierter Brief gibt an, daß er am 15. Juni 1932 noch nicht die f 1,50 hatte, um in Berufung gehen zu können, sondern seine Freunde erst darum bitten mußte.

Und nun, abgesehen von der nachgewiesenen Verlogenheit der ursprünglichen Geschichte und dem Schwindel mit dem Datum von Dr. Otto Katz, wollen Sie uns jetzt weismachen, daß ein gerade von seinen wohlhabenden Nazigastgebern heimkommender Nazimann in Utrecht keine f 1,50 mehr hat, um in Berufung zu gehen?

Denn er kann sein Geld ja schließlich nicht unterwegs versoffen haben, erfinderischer Dr. Katz, weil jeder, der ihn kannte, wußte, daß er niemals trank, und selbst für Zigaretten kann er es nicht herausgeschmissen haben, denn er rauchte nicht, und die ehrenwerte Gesellschaft des Londoner Prozesses ist uns Bürge genug, daß er es nicht verhurte.

Der Schandknabe:

Im Braunbuch erzählt uns ein großer Unbekannter, der hier nicht Rafles oder X, sondern ausgeschrieben W. S. heißt, daß Dr. Bell 1931 wiederholt einen jungen holländischen Arbeiter namens Renus oder Rinus getroffen haben muß. Diese Treffen sollen die Annahme glaubhaft machen, daß der Homosexuelle van der Lubbe durch Vermittlung dieses Dr. Bells mit anderen hochgestellten Nazis Kontakt aufgenommen hat. Man soll also, den Unterstellungen im Braunbuch zufolge, im Treffen van der Lubbes mit Dr. Bell die erste einer ganzen Reihe von Tatsachen sehen, die schließlich im Reichstagsbrand ihren Höhepunkt fanden.

Dieser Fall soll an Deutlichkeit nichts zu wünschen übrig lassen, selbst ein Kind kann das ja begreifen, nur . . . stimmt er nicht mit den Tatsachen überein. Wir werden sogleich auf van der Lubbes Homosexualität zurückkommen, uns aber erst mit den Angaben aus dem Braunbuch beschäftigen, die sich auf das sog. Treffen mit Dr. Bell beziehen: Zuerst wird behauptet, van der Lubbe hätte sich einige Tage im September 1931 in München aufgehalten, wo er einen gewissen Dr. Bell gesprochen haben soll. Wenn wir uns nun ansehen, wie die Redakteure des Braunbuchs an diese Fakten gekommen sind, dann springt zuerst folgendes ins Auge: Auf Seite 56 steht: „Van der Lubbe muß einige Tage in München gewesen sein, denn er gab seinen Freunden nach seiner Rückkehr eingehende und ausführliche Schilderungen dieser

Stadt". Daß er außerdem mit Dr. Bell Kontakt aufgenommen haben muß, schloß man aus der Mitteilung eines (ebenfalls nicht namentlich genannten) jungen Arbeiters, dessen Äußerungen einige Zeilen weiter unten abgedruckt sind. Obwohl dieses „Beweismaterial" durch seine Schwäche und Schwammigkeit für sich selbst spricht und kein vorurteilsfreier Mensch diesem ohne weiteres Glauben schenken kann, muß es doch einer näheren Untersuchung unterworfen werden. Daß sich van der Lubbe zu dem genannten Datum in der Tat in München aufhielt, haben die Informanten von Freunden und Familienangehörigen ihres Opfers erfahren, denen man vortäuschte, in seinem Interesse zu handeln. Aus dieser Ausgangslage heraus hat man dann, ohne auch nur die geringsten Beweise in der Hand zu haben, ein Kartenhaus aus sog. Beweisen gezimmert. Erstens soll Marinus „einige Tage" in München gewesen sein, weil „er nach seiner Rückkehr eingehende und ausführliche Schilderungen dieser Stadt gibt". Man hätte mit demselben Recht und derselben Sicherheit auch sagen können: van der Lubbe lag in München total betrunken in der Gosse, weil er nach seiner Rückkehr aussagte, daß er das Hofbräuhaus gesehen hat. Warum also soll van der Lubbe „einige Tage" in München gewesen sein, während doch aus seinem zuverlässigen Tagebuch hervorgeht, daß er in dieser Stadt am Sonntag mittag, dem 13. September, ankam und sie am nächsten Morgen schon wieder verließ? Weil die Herren Ankläger nichts über seinen Aufenthalt in München wissen, versuchen sie jetzt ihr Glück darin, seine Aufenthaltsdauer sicherheitshalber etwas zu verlängern. Liegt es nicht nahe, daß die Herren Nazi-Päderasten ihren aus Holland kommenden „Schandknaben" nicht so einfach von dannen ziehen ließen, sondern ihn einige Tage bei sich behielten, um nicht nur körperlich von seiner Anwesenheit zu profitieren, sondern auch ihren faschistischen Einfluß auf ihn zu verstärken? Unterstreichen nicht die Aussagen dieses geheimnisvollen, unbekannten Arbeiters eine derartige Annahme? Aus dem Tagebuch geht jedoch folgendes hervor:

1. Van der Lubbe hielt sich nicht länger als einen Nachmittag und eine Nacht in München auf,
2. die Nacht vom 13. auf den 14. September hat er im städtischen Asyl von München verbracht,
3. am Montag morgen, dem 14. September, hat er in einem Kloster in Zonderding gegessen,
4. bei seiner Abfahrt aus München hatte er nur sehr wenig Geld bei sich.

Wenn nun die Behauptungen aus dem Braunbuch zutreffend wären, dann wäre er

1. sehr wahrscheinlich länger als einen Tag in München geblieben, hätte
2. dieser Schandknabe, der so reiche Freunde hatte, bestimmt nicht in einem Obdachlosenasyl, sondern bei seinen Freunden übernachtet, wäre er
3. nicht am nächsten Tag in aller Frühe zu einem Kloster aufgebrochen, um dort zu essen und hätte er
4. — dieser männliche Prostituierte und Verräter — sicherlich bei seiner Abreise von seinen reichen Freunden etwas Geld mitbekommen.

Es gibt noch weitere Besonderheiten im Tagebuch, die die Vermutung rechtfertigen, daß van der Lubbe niemals mit der schwülen, vergifteten Atmosphäre der Nazi-Homos in Berührung gekommen ist. Liegt die Vermutung nicht auf der Hand, daß er als ein so guter Freund von reichen, verwöhnten Herren, wie Bell und Röhm es waren, Genüsse kennengelernt hätte, die einem Arbeiterjugendlichen fremd sind?

Die Annahme, daß diese Herren ihrem Schandknaben bei ihren heimlichen Treffen Wein oder andere Alkoholika zu trinken gegeben haben könnten, ist sicher nicht allzu gewagt. Nun kommt aber 14 Tage nach seinem Münchener Aufenthalt heraus, daß van der Lubbe nicht einmal weiß, wie Wein überhaupt schmeckt! Am 29. September 1931 schreibt er in sein Tagebuch: „Auch habe ich jetzt schon zweimal Wein getrunken; *wo ich erst dachte, daß es Limonade war,* ich habe mich also geirrt. Hier machen die Bauern überall selbst Wein, aus Trauben oder Äpfeln, glaube ich, was sie Mois (er meint Most) nennen, aber ich trink das nie wieder, weil's mir an diesem Tag nicht so gut bekommen ist." Dieser kindlichnaiven Eintragung ist nichts hinzuzufügen.

Das Tagebuch:

Die Daten und Fakten aus dem Tagebuch stimmen alle mit der Wahrheit überein, soweit sie sich durch Nachforschungen und Erkundungen überprüfen lassen. Es ist jedoch nicht die Bestätigung dieser äußerlichen Tatsachen, die nur als Probe aufs Exempel angesehen werden müssen und uns die Sicherheit geben, daß Marinus ein guter und aufrechter Mensch ist, sondern es war an erster Stelle der reine und dadurch Menschlichkeit ausstrahlende Ton in seinem Tagebuch, der mich davon überzeugte, daß so einer unmöglich der heruntergekommene arme Schlucker und üble Provokateur „der öffentlichen Meinung" sein konnte.

Es gibt viele Anlässe zum Führen eines Tagebuches. So kann das Schreiben derartiger Bücher eine Liebhaberei von Schülerinnen eines Mädchenpensionats sein, die ihre eigene Person sehr wichtig nehmen, es darf aber auch nicht geleugnet werden, daß sehr bedeutende Persönlichkeiten wie z. B. Leo Tolstoi ebenfalls ein Tagebuch geführt haben. Die Tatsache, daß jemand Tagebuch führt, sagt an sich noch nichts über seine etwaige Bedeutung oder Unwichtigkeit aus. Dennoch will ich hier behaupten, daß die Verfasser dieser Tageserinnerungen meistens durch das eitle Bedürfnis getrieben werden, sich vor sich selbst und anderen gegenüber wichtig zu machen, weshalb solche Tagebücher meistens zu einfältigen und langweiligen Denkmälern der Selbstverherrlichung verkommen. Wir nehmen nicht an, daß sich van der Lubbes erste Tagebuchaufzeichnungen sehr von denen schreibender Internatsmädchen unterschieden haben, aber es zeichnet seinen Charakter aus, wenn sein Buch nur sehr seltene und dann auch nur schwache Spuren von Selbstverherrlichung aufweist. Man muß kein großer Psychologe sein, um aus diesem Tagebuch schließen zu können, daß der Verfasser trotz einiger Anzeichen von Stolz und einer manchmal ungezügelten Phantasie eine starke unverdorbene Aufrichtigkeit besitzt, eine reine, fast kindliche Natur, dem es bestimmt nicht gelingen würde, im Tagebuch eine andere als die ihm gemäße Haltung einzunehmen. Darüberhinaus langweilt ihn das Tagebuchschreiben schon bald, was er auch verschiedentlich zugibt.

Daß er dennoch eine Weile weitermacht, ist weniger der Eitelkeit eines Tagebuchschreibers als dem Umstand zuzuschreiben, daß Marinus nicht leicht eine einmal begonnene Sache aufgeben kann. Die Gefühle, aus denen das Buch entstanden ist, sind so klar, daß der Verfasser, ohne es zu wissen, sich wiederholt bloßstellt, indem er uns Wesensmerkmale offenbart, die er als Revolutionär wahrscheinlich nicht zugäbe, wenn wir ihn darauf stoßen würden. Van der Lubbe würde z. B. nicht gerne zugeben, daß er keineswegs die Sorte Revolutionär ist, die vollständig mit dem Bürgertum gebrochen hat, sondern jemand, der noch voller kleinbürgerlicher Gedanken und Auffassungen ist. Hierzu nur ein kleines Beispiel: Am Samstag, dem 26. September, schreibt dieser Vagabund, der durch halb Europa gestreift ist, und bei Bauern und in Obdachlosenasylen schläft: „Auch habe ich mich gerade in einem Bächlein gewaschen und saubere Wäsche angezogen, weil heute Samstag ist."

Wer hier an der Landstraße bei Klagenfurt steht, ist nicht der Landstreicher, den wir aus den vorherigen Seiten kennengelernt haben und auch nicht der Freibeuter, der van der Lubbe sein will, sondern der holländische Kleinbürger, dem es während etlicher Jahre seines Lebens zur Gewohnheit geworden sein muß, sich samstags zu waschen und saubere Wäsche anzuziehen. Solche scheinbar unbedeutenden, aber immer wiederkehrenden Details, die van der Lubbe gänzlich bloßstellen, beweisen nur die Unschuld und Aufrichtigkeit seiner Äußerungen. Es erübrigt sich, diese Ausführungen Satz für Satz unter der Lupe zu betrachten, zumal der Leser den vollständigen Text des Tagebuches im Anhang dieses Buches findet.

Inwiefern beeinflussen nun Eitelkeit und Ehrgeiz van der Lubbes Ehrlichkeit? Wenn wir den Herren, die den von van der Lubbe handelnden Teil des Braunbuches zusammengestellt haben, glauben dürfen, haben wir mit Marinus jemanden vor uns, der so ungefähr vor lauter Eitelkeit und Ruhmsucht platzt:

„Der junge Marinus van der Lubbe war von Eitelkeit und Ruhmsucht besessen" (S. 47 Braunbuch) . . . „Van der Lubbes Eitelkeit, die ihn vielfach zu Lügen und Übertreibungen veranlaßt" (S. 54) usw. Wie äußert sich nun diese behauptete, übermäßige Eitelkeit in seinem Tagebuch, das sich ja ganz besonders zur Selbstverherrlichung eignet? An zwei Punkten bietet der Verfasser seinen Widersachern allerdings eine willkommene Angriffsfläche. Man muß daher diese zwei Punkte genauer betrachten. Zunächst spricht eine gewisse Selbstzufriedenheit aus der ständigen Auflistung der Entfernungen, die er zurückgelegt hat: „So habe ich jetzt zu den 350 noch weitere 650 km gereist" (11. Sept.), „heute bin ich doch noch 50 km weit gekommen, so daß ich jetzt insgesamt 1050 km hinter mir hab." (14. Sept.) usw. Sollen wir dieses ständige Festhalten einer vollbrachten Leistung als einen unwiderlegbaren Beweis außergewöhnlichen Ehrgeizes auffassen, nachdem wir von den Urhebern des Braunbuchs so vortrefflich über van der Lubbes Eitelkeit aufgeklärt worden sind?

Wir glauben nicht. Wir finden es ganz verständlich und normal, daß jemand, der nichts anderes zu tun hat als umherzuziehen, Befriedigung im Vermerken der größer gewordenen Abstände findet und dieses dann auch noch aufzeichnet. Er braucht diese Eintragungen auch, um sich Mut zuzusprechen und zum Durchhalten anzuspornen. Auch äußert er sich öfters über sein Vorhaben, den Kanal (zwischen England und dem Festland) zu durchschwimmen. Dieser Plan ist später sogar ein Grund dafür, seine Reise abzubrechen und nach Holland zurückzukehren. Natürlich soll dieser abenteuerliche Plan in den Augen seiner Verfolger, die ihm alles nachteilig auslegen wollen, als Beweis seiner Ruhmessucht herhalten. Es ist ganz einfach, den Wunsch, eine derartige sportliche Leistung zu vollbringen (hinter dem auch materielle Anreize stecken), zum Nachteil van der Lubbes

84

auszulegen und im Tone eines Dr. Katz, dieses Braun-
buchschmierfinken, zu sagen, daß Marinus immer
alles tat, um „von sich reden zu machen" (S. 48).
Jedem anderen jungen Mann von 23 Jahren, der ausgezeichnet schwimmen kann, wäre dieses Verlangen
nicht negativ angelastet worden. Tatsächlich muß
es für jemanden, nobler, aufrechter Herr Katz, der
„die ganze Welt über seine Taten sprechen lassen will"
und allerlei seltsame Dinge anstellt, um aufzufallen,
später eine Kleinigkeit sein, aus demselben Geltungs-
bedürfnis heraus das Reichstagsgebäude anzuzünden.
Nach Ihrer psychologischen Vorbereitung der Per-
sönlichkeit van der Lubbes nimmt Ihnen die gläubige
Gemeinde so etwas sofort ab. Wie viele Betrüger haben Sie jedoch einen Fehler gemacht, nämlich Ihre
eigene Klugheit ein wenig überschätzt. Auf S. 51
des Braunbuchs, die ausführlich Marinus' Versuchen,
den Kanal zu durchschwimmen, gewidmet ist, wird
mit einer Abgeschmacktheit und Gewissenlosigkeit,
die Verwunderung auslösen, behauptet, daß es van
der Lubbe in Wirklichkeit gar nicht darauf ankam,
eine Leistung zu vollbringen, sondern daß er viel-
mehr im Mittelpunkt des Geschehens stehen wollte.
Diese Behauptungen wiegen umso schlimmer, weil
Sie zuvor einräumten, daß in der Tat nicht bekannt
war, ob er seinen Versuch überhaupt ausführen wollte. Wir wollen annehmen, daß Ihnen unbekannt
blieb, daß Marinus den wichtigen Geldpreis von
f 5.000,--, der von der Wochenzeitschrift ‚Het Leven'
hierfür gestiftet wurde, verdienen wollte und deshalb tatsächlich Versuche unternahm, den Kanal zu
durchschwimmen. Im Anhang des Buches finden
Sie die Wiedergabe einer Postkarte an „den Kanal-
schwimmer" Marinus van der Lubbe, die von einer
österreichischen Schwimmerin stammt, deren Begleit-

boot Marinus im Training gebrauchen durfte. Wie Ihnen jedoch, der Sie auf die infamste und widersinnigste Weise gepfuscht haben, um Begebenheiten zu Lasten van der Lubbes zusammenzustellen, diese Besonderheit entgangen sein konnte, ist uns ein Rätsel. Oder paßt es etwa eher in das „Charakterbild" Ihres Opfers, alles zu verschweigen, was darauf hindeuten könnte, daß er nicht der Scharlatan war, als den Sie ihn, geschickter Conferencier, Ihrem Publikum vorgestellt haben?

Daß mit dem Durchschwimmen des Kanals ein großer Betrag zu verdienen war, soll uns zur Vorsicht mahnen, weil wir uns fragen müssen, ob die ausgesetzte Belohnung für einen armen Schlucker wie van der Lubbe nicht von viel größerer Bedeutung war als der mögliche Ruhm, der beim Gewinnen des Wettkampfes in Aussicht stand.

Ihr Leichenschänder, die Ihr bereits das Ergebnis Eurer Autopsie veröffentlicht, es tut uns leid, aber weder in seinem Tagebuch noch in seinen Briefen haben wir auch nur die geringste Spur der unterstellten Eitelkeit und Geltungssucht finden können. Van der Lubbe war im Gegenteil jemand, der sich immer viel zu wenig zur Geltung brachte: gegenüber sich selbst und gegenüber seinen Freunden. Seine Lebensansprüche schienen von großer Bescheidenheit geprägt zu sein. Hier einige Äußerungen dieses von „blinder Eitelkeit" besessenen Menschen. Am 26. September schreibt er: „Ich habe einen Kameraden unterwegs getroffen, der auch vorhat, in die Türkei zu gehen. Ob ich ihn aber ganz bis dahin mitnehme, weiß ich nicht. Der gibt zu sehr an. *Das tun wir natürlich alle ein bißchen,* aber nicht auf so eine schlimme Art."

Ein paar Mal äußert er den Wunsch, sich eine Mundharmonika zu kaufen. Nachdem er sich diesen

Wunsch später erfüllt hat und wir an verschiedenen Stellen lesen, daß er sich an diesem Instrument übt, schreibt er am 23. Oktober: „Meine Mundharmonika ist beim Mitfahren in einem Lastwagen kaputt gegangen, also hab ich sie weggeschmissen. *Viel kann ich noch nicht,* aber eine andere kauf ich nicht mehr". Seinem Tagebuch stellt dieser Mann, der so außergewöhnlich stolz auf seine „Studienreise" sein soll, folgendes voran: „Doch enthält dieses Buch *sehr wenig Neues.* Die Welt kann jeder sehen (oder kennenlernen), ohne sein Haus zu verlassen, hat einmal ein chinesischer Philosoph zu dem Einsichtigen gesagt." Wir wollen diesen Worten nichts hinzufügen, sie sprechen für sich selbst. Aber alle, die an den Beschuldigungen gegen Marinus van der Lubbe mitgearbeitet haben, fordern wir auf, anhand des ihnen zur Verfügung stehenden „Beweismaterials", dem getrost dieses Rotbuch hinzugefügt werden kann, ihre Verdächtigungen wahr zu machen und zu beweisen, daß van der Lubbe ein eitles und ruhmsüchtiges Großmaul ist. Solange Ihr Herren vom Braunbuch, die Ihr für den von van der Lubbe handelnden Teil verantwortlich seid, den Beweis noch nicht geliefert habt, nennen wir Euch öffentlich eine üble Ansammlung lumpiger Verleumder und charakterloser Werkzeuge einer politischen Partei, die, um ihre Ziele zu erreichen, darauf angewiesen war, einen Menschen durch den Dreck zu ziehen.

Bei einer einigermaßen sorgfältigen Betrachtung des Inhalts des Braunbuchs fällt auf, daß der Teil, der von den Gewalttaten, Lügen und Grausamkeiten der Nazis handelt, durch sein beachtliches Beweismaterial überzeugt. Wie armselig hebt sich dagegen das Kapitel über van der Lubbe ab! Vergebens versucht man mit jämmerlichen Tricks das Fehlen von Beweisen durch schmutzige Lügen und Beschuldigungen zu verdecken, wo *Sie* doch, meine Herren, dem Angeklagten seine Schuld beweisen müßten und nicht umgekehrt der Angeklagte seine Unschuld beweisen muß. Das haben Sie nicht getan, weil Sie keine hatten!

Um Ihrem Betrug und Verrat am deutschen Proletariat, den Bankrott Ihrer Taktik und die Folgen Ihrer Geheimniskrämerei mit den Faschisten im Wetteifern um nationalistisches Gedankengut zu verdecken, wollen Sie Ihre Verantwortung auf van der Lubbe schieben. SIE MUSSTEN daher lügen, Sie Nazi-Provokateur!

Um die Lügen aufrecht erhalten zu können, MUSSTEN SIE Beweise „konstruieren" und weiter lügen; Sie haben es in ihrer Presse zuerst mit der Lüge von der Bestechlichkeit probiert. 50.000 RM soll er bekommen haben, nicht wahr, Ihr Herren Edelkommunisten von der „Humanité"?! Ihr Wahrheitssucher Dr. Otto Katz hat doch in Leiden sein Bestes gegeben? „Marinus trug auf seiner letzten Reise einen recht schönen Mantel: Wie kam er an das nötige Geld?" Daß er den Mantel von seinem Bruder erhielt, wie Dr. Katz auch berichtet wurde, war doch sicher für Dr.

Katz kein Grund zur Aufgabe seiner Idee? Gab es denn keinen „Jungarbeiter", der aussagen konnte, daß er Marinus in einem Obdachlosenasyl sein Geld nachzählen sah? Warum haben Sie, Dr. Katz, als Ihnen in Leiden deutlich wurde, daß van der Lubbe ein armer Teufel war, die Geschichte mit den 50.000 Mark nicht entlarvt?

Als sich diese Lüge als zu stümperhaft herausstellte, weil jeder Arbeiter, der ihn kannte, den Lügner ausgelacht haben soll, dachte man sich eine bessere aus. Dennoch steht die Lüge von den 50.000 RM immernoch im Raume, DIE VON DEN URHEBERN ERST NOCH BEWIESEN WERDEN MUSS!

Die zweite Lüge, die sich diese moralisch verrotteten Reptilien ausgedacht haben, ist die Homosexualität. Auch sie muß noch bewiesen werden.

Die dritte Lüge ist die der angeblichen faschistischen Neigungen. Was hierüber im Braunbuch als „Beweis" ausgegeben wird, entbehrt jeder Grundlage. Sie brauchten diese Lügen, aber Sie haben sie nicht bewiesen.

Noch etwas, nicht van der Lubbe muß seine Unschuld, sondern Sie müssen seine Schuld beweisen.

Aber es ist noch mehr.

Es handelt sich bei van der Lubbe um einen Arbeiter, der das bedingungslose Vertrauen seiner Genossen hat, weil sie ihn ganz genau kennen. Und sie werden alles tun, um ihn zu verteidigen, seien Sie dessen eingedenk. Außerdem gelang es uns, Ihre „Beweise" als stinkende Lügen und absichtliche Verdrehungen zu entlarven. Wir konnten aufzeigen, daß Sie absichtlich gelogen haben, was die Bestechung, die Provokation und die Homosexualität betrifft.

Denn es kann jedem revolutionären Arbeiter passieren, daß Sie seine proletarische Ehre beschmutzen, während dieser sich nicht wehren kann. Wir hatten Glück, wir ertappten Sie dabei. Ihre „Beweise" werden dafür herhalten, Sie vor den Arbeitern zu demaskieren, auf daß Sie aus Ihrer Mitte verstoßen werden.

Aber schließlich gibt es noch einen Beweis, der so überzeugend ist, daß die Arbeiter aller Länder ihn als unwiderlegbar ansehen. Marinus befindet sich in den Händen von Henkern, die vor nichts zurückschrecken. Wenn er tatsächlich ein Nazi-Provokateur gewesen wäre, hätte er ausgepackt, hätte er Torgler, Dimitroff und die anderen mit wenigen Worten an den Galgen bringen können.

Aber er schweigt. Er nimmt die ganze Schuld auf sich. Dieses Schweigen ist stärker als Ihre tausendfach wiederholten Lügen. DAS SCHWEIGEN BEWEIST!

EINE WICHTIGE ERKLÄRUNG VON
FRAU VAN ZIJP

Als das Rotbuch bereits gesetzt war, erhielten wir noch folgende Erklärung von Frau van Zijp, die wir ohne Kommentar veröffentlichen:

Ich habe Rinus van der Lubbe als einen arbeitslosen Jungarbeiter kennengelernt. Er kam hin und wieder zu mir rauf, weil da einige Kameraden von ihm wohnten. Seine Freunde waren nicht immer zu Hause, deshalb kam es manchmal vor, daß Rinus unten mit mir redete. Ich bemerkte schon bald, was für ein Mensch er war: Er hatte ein gutes Wesen, seine Unterstützung betrug f 7,20 die Woche, das war für ihn verständlicherweise zu wenig, denn ein kräftiger junger Bursche mit einem gesunden Magen kann ordentlich was essen. Außerdem muß man die Kleidung und alles andere davon noch abziehen. Also, ich begriff sehr bald, daß er arm war, denn Arbeit konnte er doch nicht bekommen, weil er schlechte Augen hatte.

Einmal hatte er Arbeit bei einem Sandschiffer gefunden. Da ging er um 4 Uhr aus dem Haus, um rechtzeitig in Voorhout zu sein. Zweimal kam er erst um 6 Uhr abends zurück, da war er klitschnaß, denn wegen seiner schlechten Augen hatte er den Laufsteg verfehlt. Er schlief manchmal bei uns, weil ich ein Strohbett auf dem Boden stehen hatte und weil ich dachte, daß es doch egal ist, ob das nun unbenutzt herumsteht oder ob ein armer Junge da drin schläft. Jetzt können Sie verstehen, daß die Uiterstegracht zum Zufluchtsort für Rinus wurde, wenn er kein Geld mehr hatte. Er hatte auch einmal mit Flugblättern vor all den Fabriken gestanden. Da mein

Mann dies aber nicht sehr gerne sah, sagte er zu Rinus: ‚Ich will dich nicht mehr in meinem Haus haben, weil ich keiner Partei angehöre und deshalb keinen Ärger deinetwegen kriegen will.' Ein anderer Junge wäre deswegen vielleicht sehr böse geworden, aber er nicht. Er zeigte sich ganz einsichtig und sagte: ‚Nun, van Zijp, ich will nicht, daß Sie meinetwegen Ärger kriegen; aber darf ich dann vielleicht doch noch mal klingeln, um mit meinen Kameraden vor der Tür zu sprechen?'

Mein Mann hatte nichts dagegen und so stand Rinus später noch mal vor der Tür. Als er eines Morgens wieder klingelte, machte ich ihm die Tür auf. Er fragte, ob oben nicht jemand zu Hause sei. Ich sagte nein. Er wollte schon wieder gehen, da tat er mir so leid, denn er war vor Kälte ganz blau angelaufen. Ich fragte ihn, ob er nicht eben auf eine Tasse Warmes hereinkommen wolle, da sagte er: ‚Aber nein, Frau Zijp, das ist nicht nötig!' Ich sagte: ‚Los, komm, dann kannst du dich am Ofen aufwärmen und ich werde meinem Mann sagen, daß ich dich wieder ins Haus geholt hab.' Denn ich bin nun einmal jemand, der anderen immer gleich hilft.

Als ich meinem Mann davon erzählte, war er einverstanden, und so wurde Rinus mehr und mehr unser Gast. Wenn er mit uns sprach, war er ein netter, guter Junge, aber wenn er mit der Politik anfing, sagte ich: ‚Rinus, du weißt, daß ich das gar nicht gerne mag, da sollst du mit mir nicht drüber sprechen!' Das fand er dann auch in Ordnung und tat's nicht mehr. Deswegen verstehe ich überhaupt nicht, wie der große Herr Otto Katz schreiben kann, daß ich ihm gesagt hätte, daß Marinus so unheimlich lügt. Ich habe ihn niemals gesehen, also auch nicht persönlich mit ihm gesprochen.

Genausowenig kann ich mir vorstellen, daß Freek van Leeuwen bezeugen kann, daß er Rinus schon von 1927 bis 1933 gekannt hat, weil er vor 4 Monaten noch kurz bei mir zu Hause war. Er hat mich übrigens noch einige Male besucht, weil er vor 7 Jahren selbst hier eingezogen ist und ein Jahr in diesem sog. schlechten Haus gewohnt hat. Wenn nun so viele Homosexuelle da drinnen gewohnt haben, dann wäre ich an seiner Stelle nicht mehr gekommen. Vor 4 Monaten besuchte mich Freek van Leeuwen ganz kurz, um mit mir über Rinus zu sprechen. Als er wegging, wunderte er sich, daß ich nicht mehr über Lubbe wüßte, wo er doch so häufig zu uns käme. Freek sagte: ‚Liebe Frau, das paßt mir gar nicht, weil ich dachte, hier mehr über Rinus zu hören!' Ich fragte ihn, ob er Rinus etwa nicht kannte. Er antwortete: ‚Ja, ich hab ihn ab und zu schon mal gesehen, aber ich kann nicht wirklich sagen, wie er ist!'

Ich kann also überhaupt nicht begreifen, daß er auszusagen wagte, Rinus schon so lange gekannt zu haben. Genausowenig kann ich mir vorstellen, daß ich erklärt haben soll, die Briefe aus Deutschland verbrannt zu haben. Ich habe von ihm zwar viele Ansichtskarten von überall her, aber nur einen Brief und diesen aus Deutschland bekommen. Aber den habe ich selbst verbrannt, dafür brauchte ich wirklich niemand, der mich darüber aufgeklärt hätte.

Frl. v. Zijp
Uiterstegracht 56
Leiden

TAGEBUCH

Eintragungen vom 6.9.1931 bis 24.10.1931.

Leiden, Sonntag, den 6. September 1931.
Dieses Buch soll von morgen ab, Montag, den 6. Sept. dazu dienen, um von meiner beabsichtigten Reise jeden Tag zu berichten. M. v. d. Lubbe, Uiterstegracht 56, Leiden.
Varia-dingsbums.
Doch enthält dieses Buch sehr wenig Neues und soll nur über die Reise berichten. Die Welt kann jeder sehen, ohne sein Haus zu verlassen, hat einmal ein chinesischer Philosoph zu dem Einsichtigen gesagt. Und ich stimme dem zu.

M. v. d. Lubbe

Ort und Datum: Kleve, 7. 9.:
Nachdem ich heute morgen mir auf der Gracht den Ranzen vollgegessen habe, bin ich um halb 9 aus Leiden gezogen. Obwohl ich mich an diesem ersten Tag ziemlich traurig und ein bißchen einsam fühle, bin ich doch gut vorangekommen und habe viel Glück mit dem Mitfahren gehabt, so daß ich jetzt schon in Deutschland bin und hier im Augenblick daran denke bei einem Bauern schlafen zu bleiben.

8. Sept. 31, Dienstag, Geld f 4.
Auch wenn ich gestern dachte Kleve nicht so schnell erreichen zu können, habe ich doch Glück gehabt und es geschafft und da in der Jugendherberge geschlafen. Geschlafen wurde aber erst nach einer langen Diskussion über die Bewegung in Deutschland und ob noch diesen Winter etwas passieren würde, ja

oder nein, zum Schluß meinten die meisten daß nichts passieren würde, solange die Leute hier noch Sozialhilfe bekommen.

Köln: 9. Sept. 31. Ich bin heute wohl etwas besser gestimmt, doch bin ich nicht ganz bei meiner Reise und denke oft: wenn ich wieder in Holland zurück bin, gehe ich nicht so bald mehr weg. Auch merke ich daß ich wieder in Deutschland bin. Die Autos halten fast nie für einen und man muß vor allem auf haltende Autos achten und nur hoffen bei Tankstellen, Brücken und Bahnübergängen. Trotzdem bin ich heute noch gut weitergekommen und habe Köln geschafft, wo ich in einem großen Asyl zum Schlafen geblieben bin. Ich habe vor, falls es möglich ist, schwimmen zu gehen.

Donnerstag, 10. Sept. Coblens:
Nachdem ich am Mittwochmorgen noch 1 1/2 Stunden in Köln arbeiten mußte, habe ich um 10 Uhr schließlich die Stadt verlassen. Damit habe ich die letzte Stadt im Ruhrgebiet gesehen und kam jetzt ins Rheinland, nach Bonn usw. Koblens usw. usw. Ich habe gleich einen großen Lastwagen nach Bonn gefunden, mit dem ich mitfahren konnte. Bis heute, Donnerstag, bin ich jedoch immer zu Fuß gegangen. Unterwegs kann man hier genug Äpfel und Birnen essen, weil die Obstbäume einfach so an der Straße herumstehen. In Bonn habe ich auch einen Kameraden getroffen, der gleich nach Coblens mitgeht. Nach zwei Tagen Herumgucken habe ich auch ein Paar Schuhe auftreiben können, da meine Sohlen plötzlich von meinen alten Schuhen abgingen. In den letzten Tagen komme ich nicht schnell voran, und

wenn ich heute noch nach Coblens komme, habe ich insgesamt 350 km hinter mir. Finanziell komme ich klar so habe ich jetzt f 2 und eine halbe Mark an deutschem Geld.

Donnerstagabend 10. Sept. Coblens

Weil ich mit einem Auto 10 km habe mitfahren dürfen, habe ich Coblens doch noch geschafft. Ich habe sogar einen Friseur gefunden, der mich umsonst rasieren wollte. Auch habe ich hier noch kurz im Rhein geschwommen, weil ich morgen das Rheinland verlasse und Kurs auf Frankfurt nehme. Von da komme ich dann auf die Hauptstraße nach Wien, wo ich Ende nächster Woche wohl glaube sein zu können. Ob ich morgen Frankfurt schaffen werde, weiß ich nicht, ich hoffe es aber nur. Inzwischen (durch ein Auto) bin ich meinen gerade erst gefundenen Kameraden wieder los. War ein wirklich flotter, gemütlicher proletarischer Typ. Ich habe viel von ihm gelernt. Weiter möchte ich noch kurz berichten, daß ich den letzten P. I. C. nochmals gründlich gelesen habe und darin wirklich viel Wahres gefunden habe, mehr und Besseres als in den anderen P.I.C.

Freitag den 11. Sept. nichts.

Sonntagabend, den 13. Sept. 31, München

Ich habe jetzt einige Tage überschlagen deshalb kurz zurück nach Freitag 11. Sept. und was habe ich an diesem Tag für ein Pech gehabt. Ich bin von Coblens mit einem Auto 10 km in die falsche Richtung gefahren und mußte dann die ganze Strecke zu Fuß zurückgehen. Das kam daher weil ich keine Karte von dieser Gegend Deutschlands habe. Doch vielleicht wegen dieses Pechs hatte ich den anderen Tag, Sams-

tag 12. Sept., Glück. Gleich als ich von meiner Schlaf-
stelle kam, traf ich einen Motorradfahrer mit dem ich
bis heute, Sonntag, nach München gefahren bin.
Sonnabendnacht haben wir in Rothenburg übernachtet, und am nächsten Morgen, heute Sonntag, von der
verabredeten Stelle aus wieder weiter nach München
gefahren. So habe ich jetzt zu den 350 km noch
weitere 650 km gereist. Morgen gehe ich Richtung
österreichischer Grenze und werde hier in München
einige Postkarten für Holland einstecken.

Da ich nicht alle Besonderheiten, die die letzten
Tage betreffen, aufschreiben kann, möchte ich nur
noch vermelden, daß der Motorradfahrer ein Holländer war der seine Adresse auf mein Buch geschrieben
hat, daß ich eine Diskussion mit einer Bauersfrau gehabt habe, die mich in der Lust wieder weiter zu
reisen, bestärkt hat, und außerdem daß die Schuhe
die ich aufgetrieben habe jetzt schon ziemlich kaputt
sind und ich schnell wieder ein Paar andere aufgabeln
muß und daß ich hier in München zufällig einen jungen Arbeiter traf, der ins Asyl (Haus für Obdachlose)
mußte und ich ging natürlich mit ihm mit und nachdem ich hier gut gegessen habe, ich jetzt — Sonntagabend — gleich ins Bett gehe.

Eine Woche. Montag 14. Sept. 31, Zorneding
Während ich mich ganz gut fühle um so unterwegs
zu sein, setze ich mich unter einen großen Tannen-
baum dabei kam mir in den Sinn, jetzt schon mal,
meinen Tagesbericht zu schreiben (soweit ich kann)
da ich doch erst um 2 Uhr in Zorneding zu sein brauche. Ich rechne das so genau aus, weil es in diesem
Dorf Zonderding ein Kloster gibt, wie am Rhein da
stehen auch so viele davon, wo ich auch hier mittags
etwas zu schmausen denke zu bekommen. Oh ja, das

habe ich noch nicht erzählt, wenn man unterwegs ist, versucht man es bei solchen Häusern, bei Kranken-, Waisenhäusern und bei Klöstern, weil es da meistens etwas Gutes gibt. Überall entlang dem Rhein haben wir gute Gasthäuser gefunden. Heute nacht habe ich in München noch herrlich geschlafen im Stadtasyl. Wie gut das Essen und wie sauber die Schlafplätze in manchen dieser Häuser sind, kann man kaum glauben. Nach einem schönen Bad kriegt man saubere Wäsche vom Haus, welche du am nächsten Morgen erst wieder ausziehen brauchst, wenn du weggehst. Also dann bist du ganz frisch, sauber und satt, da man erst noch ein Stück Brot mit Kaffee kriegt. Aber es ist nicht überall so, ganz gewiß nicht!

Auch werden in solchen Häusern immer viele Leute rausgeholt und durch die Polizei zurückgeschickt, wenn ihre Papiere nicht in Ordnung sind oder etwas ähnliches. Aber weil ich einen Reisepaß habe, werde ich hier in Deutschland überall mit denselben Rechten behandelt wie die Deutschen. Aber also, in einem Tag, wenn ich in Saksburg in Österreich sein werde, wird das wohl zu Ende sein, und muß ich versuchen bei Bauern und in Jugendherbergen zu schlafen. Denn meldest du dich da, als Ausländer, bei sozialen Institutionen, dann wirst du ohne Pardon direkt in dein Mutterland abgeschoben. Also aufpassen. Ich muß in Deutschland noch etwa 100 km fahren, so denke ich noch heute Nacht hier schlafen zu bleiben. Wien lasse ich links liegen, da es ein zu großer Umweg wäre, wenn ich da noch hinginge. Und weil ich nur so ein bißchen weiß wie es in Ländern wie Österreich, Serbien, Jugoslawien usw. zugeht, habe ich vor diese Länder so schnell wie möglich zu durchfahren. Heute morgen habe ich noch eine Postkarte für Wim v. Erkel eingesteckt. Mehr Karten habe ich nicht verschickt, da ich sparsam sein muß und an der Grenze Geld haben muß, sonst lassen sie dich da gar nicht erst durch. Ich denke daß ich aus Constantinopel mehr Karten nach Holland schreiben werde und auch Briefe. Ich habe heute auch ein Paar gute Schuhe in einem Zigarrengeschäft bekommen, die mir jetzt sehr zupaß kommen, während ich etwas weiter eine Karte von halb Europa finde, die ich so unterwegs gut gebrauchen kann. Über München noch kurz folgendes gesagt: es ist eine große Stadt, bekannt wegen seines Biers. Weiter noch daß da während der Bayerischen Revolution am härtesten gekämpft wurde, und man erzählte mir, daß die Arbeiter damals mit Kanonen geschossen haben. Da es weiter nichts Besonderes gibt und es gegen halb zwölf geht, geh' ich nun mal los.

Montagabend, 14. Sept. 31

Nach dem Essen bei den Klosterschwestern bin ich doch nicht weit aus München weggegangen, weil ich gehört hatte, daß man im ersten Gemeindedorf gut schlafen und essen kann. Nun, und ich muß sagen, daß das stimmt, weil es eine ausgezeichnete Suppe gab, mit Kartoffeln danach und einer ersten Klasse Herberge mit einem Schlafplatz. Nach dem Essen sitze ich hier jetzt gemütlich und schreibe ein bißchen. Da ich heute morgen schon alles erzählt habe, bleibt nun nicht mehr viel zu berichten übrig. Ich will nur noch eben Bericht erstatten, daß ich noch nie so viele Äpfel und Birnen gegessen habe wie auf dieser Reise. Überall Obstbäume an der Straße, genausoviel wie man nur haben möchte. Außerdem bin ich heute doch noch 50 km weit gekommen, so daß ich jetzt insgesamt 1050 km hinter mir hab. Ich habe immer noch das gleiche Geld, und ich denke diesen 1 holländischen

Gulden und die zwei Mark bis Constantinopel nicht aufbrauchen zu müssen, vielleicht wird's sogar mehr.

Dienstag, 15. Sept. 31
Ich muß noch kurz schreiben, was ich heute mittag über meinen Reiseplan gedacht habe und wie ich ihn auszuführen gedenke. Einen Monat oder 2 oder 3 Wochen brauche ich bis Constantinopel. Dann brauche ich wahrscheinlich 2 oder 3 Monate für die Hin- und Rückreise nach China, so daß ich denke im Mai in Holland zurück zu sein. Falls ich von der Polizei oder so zurückgeschickt werden sollte, ist natürlich alles zu Ende.

Mittwoch, 16. Sept. 31, Peisendorp:
Da ich unterwegs gesehen habe, daß man noch weiter an der deutschen Grenze entlang gehen kann, wie ich zuerst dachte, am Dorf Freilasnay vorbei, werde ich noch bis Donnerstag in Deutschland bleiben. Aus Deutschland werde ich noch kurz einen Brief nach Holland schreiben. Ohne damit gerechnet zu haben, bekam ich im letzten Dorf wirklich ein Paar gute Schuhe, worüber ich mich sehr freue; der Mann gab mir auch noch einfach so einen guten Regenmantel mit und er bat mich, ihm irgendwann eine Karte zu schicken, wenn ich schon etwas weiter weg bin, was ich natürlich tun werde. Einschließlich gestern habe ich heute 100 km zurückgelegt, so daß es jetzt insgesamt 1150 km sind.

Montagabend: 2. Woche
Oh, oh, oh, wie traf ich es schlecht in Reickenhall. Weil ich mehr als 2 Mark bei mir hatte, wollte mir die Gemeinde keinen Schein für eine Schlafmöglichkeit geben, und ich mußte also selbst 80 Pfennige dafür

bezahlen. Gut, daß ich das nun weiß, wenn sie mich nochmal fragen wieviel ich bei mir habe, sage ich: „nicht mehr als 50 Pf. oder eine halbe Mark." Weiter habe ich heute abend noch kurz K. Vink in Holland geschrieben und ich hoffe, daß, wenn ich in Klagenfurt bin, es da ein Brief für mich sein wird.

Dienstag 3. Woche 9-5-f-14.
(Dies ist v. d. L. 's dortige Gefängnisnummer)
Dienstag 22. Sept. 31 Werfengen
So bin ich nun endlich in Österreich. Es wäre ein Wunsch gewesen, wäre ich ganz ungeschoren durch Deutschland gekommen. In Bestes Garden habe ich 4 Tage absitzen müssen, weil ich bei einem Bauern, da es 12 Uhr war, fragte ob ich noch etwas zu Essen bekommen könnte. Nun ja, sie sind vorbei und ich habe da Zeit zum Ausruhen und zum Nachdenken gehabt. Vor allem das letztere habe ich gut getan. Ob ich meine Reise weiter als nach Österreich fortsetzen werde oder zurückgehen soll, ich weiß es noch nicht. Aber diese Reise bringt kein Spaß. Ich werde mich nun beeilen um Klagenfurst zu erreichen, das wohl noch 150 km weiter liegt um dort nachzusehen ob es Post für mich gibt, denn darauf bin ich doch ein bißchen gespannt. Auch werde ich da dann beschließen ob ich weitergehe oder nicht. Jetzt habe ich insgesamt, seit gestern mittag 12 Uhr als ich freikam, etwa 50 km geschafft, so daß ich bis heute insgesamt 1200 km abgelegt habe.

Mittwoch, 23. Sept. 31, Bad Gastein
Nun hatte ich geglaubt, durch meine Reise in den Süden dem Winter zu entgehen, aber statt dessen bin ich schon seit Tagen mitten in den Winter geraten.

Es schneit hier in Österreich fast schon genauso viel wie bei uns zu Weihnachten. Ich habe wohl auch die schlechteste Seite von Österreich für meine Route gewählt. Ich durchquere das Land immer über hohe Berge, wo kniehoher Schnee liegt, durch den man dann hindurchwaten muß. Auch weil hier der Weg so unheimlich ansteigt und abfällt, sieht man kaum ein einziges Auto, mit dem man mitfahren könnte. So muß ich hier in Buckstein schon um 8 Uhr mit dem Zug losfahren, weil man diesen hohen Berg, auf dem Schnee liegt, wirklich nicht zu Fuß überqueren kann. Der Zug, der durch den Berg fährt (durch einen Tunnel), bringt dich für einen Schilling (30 Cent nach holländischem Geld) zum Dorf Holstein an die andere Seite des Berges.

Doch ich habe Pech, auf die Bummelbahn muß ich jetzt von 3 bis 8 Uhr warten. Dann muß ich auf der anderen Seite auch noch einen Bauern finden, bei dem ich schlafen kann, wofür es eigentlich schon viel zu spät ist. Sonst geht alles ziemlich hier in Österreich. Die Bauern sind in Ordnung und bei fast allen kann man schlafen. Heute mittag traf ich in Hoofdkastein noch auf ein Kloster, in dem ich köstlich gegessen habe: Reis mit Fleisch und Suppe (abends). Zum Glück fand ich hier in Malisut noch eine Herberge, in der man ohne Ärger mit der Polizei übernachten konnte.

Klagenfurst Samstag 26. Sept. 31
Ich setze mich jetzt, den Blick auf den Weg gerichtet um nach Lastwagen auszuschauen, am Wegrand nieder, nachdem ich vorher kurz in Klagenfurst gewesen bin. Endlich habe ich dann ein Stückchen Bergland von Österreich durchquert und bin ein paar km von Klagenfurst entfernt. In Klagenfurst bin

ich zuerst zum Postamt gegangen, wo sich ein Brief für mich von K. Vink befand. Ich war froh über die gute Nachricht aus Holland, wofür ich mich die ganze Woche ziemlich beeilt habe, um schnell etwas zu erfahren. Denn dies muß ich mal sagen, das Mitfahren mit Lastwagen Richtung Klagenfurst war sehr enttäuschend, und nur die letzten 35 km, also das letzte Teil von Nillas nach Klagenfurst, traf ich gerade einen guten Lastwagen, womit ich dann weiterfahren durfte. Es passiert nämlich daß wenn man gerade hinten auf'n Laster gesprungen ist, der Fahrer hält, und der dann schreiend befiehlt runterzugehen. Nachdem ich also den Brief in Klagenfurst abgeholt habe, habe ich sofort eine Postkarte und 3 Ansichtskarten nach Holland zurückgeschickt. Auch eine Ansichtskarte für die Leute in Fronstein, ich habe das alles gerade hier in Österreich gemacht, denn möglicherweise ist das billiger als aus Jugoslawien, denn der Grenze nähere ich mich schon ziemlich. Weiter möchte ich noch berichten, daß ich meistens bei Bauern übernachte denn in Österreich kann man im Stadtasyl meistens nur übernachten, wenn man Österreicher ist. Aber bei den Bauern ist es ganz gut und man bekommt meistens sogar vor und nach dem Übernachten etwas zu essen und Kaffee. Ich erfuhr von dem Bauern wo ich letztlich übernachtete, daß hier in der Nähe von Villach in Broek die Kommunisten ziemlich etwas gemacht haben und daß deshalb reichlich viele Polizisten dahinkommandiert waren. Der Bauer sagte weiter, daß die Polizei sogar aus seinem Dorf dahin geschickt wäre und er sich nun eigentlich wünschte daß hier auch etwas geschehen würde, da es hier z. Zt. keine Polizei mehr gäbe. Ich schaue mich schon einige Tage nach einer Mundharmonika um, denn die Jungens hier haben auf der

Wanderschaft häufig so etwas, und ich konnte das in der Zwischenzeit nun auch lernen, weil es doch wohl schön wäre. Auch habe ich mich gerade in einem Bächlein gewaschen und saubere Wäsche angezogen, weil heute Samstag ist. Die Socken und Unterhose habe ich vom letzten Bauern bekommen, während ich ihm ein Paar Schuhe gegeben habe, denn die waren mir zu klein. Jetzt besitze ich ein Paar echte Wanderschuhe mit Nägeln darunter, die habe ich gestern im Städtchen Spittal bekommen. Ich hoffe da lange Zeit mit gehen zu können, denn dann brauche ich um keine anderen zu bitten. Weiter habe ich vor jeden Tag einen Bericht zu schreiben, denn wenn man ein paar Tage überspringt, hat man zuviel zusammen und fällt es nicht mehr so leicht alles aufzuschreiben. Ich habe jetzt insgesamt 1300 km zurückgelegt. Außerdem habe ich noch Schuhwichse und eine Schuhbürste gekauft, und habe nach allen Unkosten, Postkarten usw., noch 1 Mark und 5 Schilling übrig, österreichisches Geld. Ein Schilling ist etwa 30 Cent.

Koetenstein: Jugoslawien. Sonntag 27 Sept. 1931
Nachdem ich gestern mein Reisebericht geschrieben hatte, habe ich ein gutes Auto getroffen, das mich 30 km mitnahm, von Klagenfurt zu der jugoslawischen Grenze. Jetzt muß ich aber gut aufpassen, wenn ich auf der wichtigsten Hauptstraße durch Mitten-Europa bleiben will. Heute Nacht habe ich noch in einem Kuhstall bei Bauern in Österreich übernachtet. Ich schlafe am liebsten in einem Kuhstall, denn da ist es schön warm mit so vielen Kühen. Ich bekam bei dem Kerl aber nichts zu essen. Heute bin ich in Jugoslawien, wohin ich auf einem Umweg gekommen bin, weil die Zöllner einen auf der Straße nicht durchlassen. Auch habe ich noch einen Kameraden unter-

wegs getroffen, der auch vorhat in die Türkei zu gehen. Ob ich ihn aber ganz bis dahin mitnehme, weiß ich nicht. Der gibt zu sehr an. Das tun wir natürlich alle ein bißchen, aber nicht auf so eine schlimme Art. Beispielsweise lacht er nun schon den ganzen Mittag darüber, daß die Leute ihn hier nicht verstehen können, gerade deshalb findet er es witzig, jeden anzureden. Heute sind wir noch im Dorf Koetenstijn angekommen, einem recht großen Dorf. Im Dorf davor hielt uns die Polizei an. Ich hielt meinen Atem an, weil wir keine Einreisestempel des jugoslawischen Zolls hatten, denn wir sind über die Berge hierher gekommen. Aber wir hatten Glück und die Polizei ließ uns mit einem Gemurmel wie „paßt bloß auf, ja nicht betteln!" gehen. Worauf wir großzügig „nein, natürlich nicht" sagten. Wir haben einen guten Schlafplatz bei einem wohlhabenden Bauern gefunden. Wir sind noch 67 km von Marenburg entfernt, wo wir morgen hinmüssen. Der Knecht erzählte mir hier auch, daß die Arbeitslosigkeit hier nicht so schlimm ist wie in Österreich und Deutschland. Dieses Land macht auch einen besseren Eindruck als Österreich, wo alles arm und elend aussieht. Die Häuser hier ähneln denen in Holland etwas und sind hübscher als in Österreich usw. Ich habe jetzt ungefähr 1.500 km insgesamt zurückgelegt und befinde mich so auf der Hälfte zwischen Leiden und Constantinopel. Ich werde die km jetzt nicht mehr jeden Tag so genau festhalten, weil ich bis Constantinopel mit ungefähr 2.000 km rechnen kann. Während ich dies aufschreibe, bringt eine Bauersfrau, die wir überhaupt nicht verstehen können, die aber sicherlich auf diesem Bauernhof arbeitet, uns beiden wunderbare warme Milch und Brot. Also, so war der erste Tag hier gar nicht so schlecht.

Schon bald stellte sich heraus, daß ich meinen neuen Gefährten ganz richtig eingeschätzt habe, denn von den 50 Mark, die er vorgab bei sich zu haben, stimmte nichts, er hat nicht mal 2 Schilling. Ich fragte ihn, ob er nicht eine kurze Strecke mit dem Zug fahren wollte, und da stellte sich heraus, daß er so viel Geld gar nicht besaß. Naja, das machte nichts, also gingen wir weiter zu Fuß. Unterwegs trafen wir ein Luxusauto, und wirklich, wir hatten Glück und waren um 4 Uhr nachmittags in Marneburg. Als ich mich aber unterwegs nach dem Weg nach Thij und Carkove umsah, starrte er mich an als ob er verrückt wäre. Willst du jetzt schon weiter, fragte er. Ja, sagte ich, was sonst, wollen wir in Marneburg bleiben oder nach Constantinopel. Es ist doch noch zu früh, um einen Schlafplatz zu suchen, also können wir noch etwas weiter kommen und treffen dann vielleicht noch ein Auto. Das fand er idiotisch und wollte in Marneburg bleiben, um sich die Stadt anzusehen. Also da hab ich mich von ihm verabschiedet und bin allein weitergezogen. Denn wenn man sich jede Stadt ansehen will, dann braucht man wohl Jahre, um sein Ziel zu erreichen. Aber darin haben wir uns auch unterschieden, denn er war auf Wanderschaft und glaubte viel sehen zu müssen. Während ich mich auch überall gut umsehe, aber doch finde ich, daß sehr viel Schönes und Besseres hier noch nicht, und sicherlich nicht in einer solchen Stadt, zu finden ist. Da die doch noch alle unter der Herrschaft der besitzenden Klasse stehen. So schreibe ich dann kurz hinter Marneburg vor den Bahnschranken, vor denen die Autos anhalten müssen, wenn sie schließen, einigermaßen froh, wieder allein und damit frei zu sein, um die Reise so schnell wie möglich fortzusetzen. Marneburg hat ungefähr 30.000 Einwohner und liegt in der Nähe der österreichischen Grenze. Viele Soldaten sah ich, welche fast die gleichen Uniformen wie die holländischen anhatten. Von der Sprache, welche Jugoslawisch ist, versteht man nicht viel. Essen und Trinken kann ich fragen, daß habe ich in Österreich gelernt, also das ist kein Problem. Das Geld heißt „der Dinaar", etwa so viel wie 10 Cent bei uns. Meine 1 Mark und 5 österreichischen Schillinge, die ich besitze, werde ich wahrscheinlich nicht wechseln, weil ich hoffe, noch in dieser Woche aus dem Land zu sein.

4. Woche Dienstag 29. September 1931 Ptrij
Nach Ptrij, 26 km, habe ich den ganzen Vormittag über laufen müssen, da kein Auto kam. Heute mittag wurde ich in einem Dorf kurz hinter Ptrij von Gendarmen aufgehalten. Doch der Bürgermeister hatte nichts gegen meine Papiere einzuwenden und folglich durfte ich wieder weiterziehen. Danach stieß ich auf ein ausgezeichnetes Gewässer, weshalb ich mich entschloß, mal herrlich schwimmen zu gehen. Nun, das Wasser war hier sicherlich genauso kalt wie im Augenblick in Holland, aber man konnte jedenfalls ausgezeichnet schwimmen. Unterwegs kann ich das ruhig öfters mal tun, als Abwechslung zum vielen Laufen! Man sieht hier in Jugoslawien viele Frauen und Kinder arbeiten. Kinder von 7-10 Jahren sieht man neben Erwachsenen arbeiten und Karren fahren. Die Bauern hier haben oft viele Kinder, die über den Hof oder Weg krabbeln oder gehen und auf den Wiesen spielen. Auch habe ich jetzt schon zweimal Wein getrunken — wo ich erst dachte, daß es Limonade war, ich habe mich also geirrt. Hier machen die Bauern überall selbst Wein, aus Trauben oder Äpfeln, glaube ich, was

sie Mois nennen. Es ist wohl herrlich erfrischend aber ich trinke das nie wieder, weil's mir an diesem Tag nicht so gut bekommen ist. Das Volk ist wie mir scheint nicht so entwickelt, aber durchaus lustig. Überall auf dem Lande in den Häusern hört man sie viel singen. Was doch in dieser traurigen Zeit schon einiges bedeutet. Denn auch hier geht's dem Landsmann nicht sehr gut und er kommt nur noch deshalb aus, weil er nicht so viele Ausgaben hat und alles selbst macht und baut. Das Brot wird hier viel mit Mais gebacken, den sie auch einfach so aufgewärmt und zubereitet essen und den die Bauern selbst auf ihrem Land anbauen. Heute nacht habe ich bei einem Großbauern im Heu geschlafen, der mir noch etwas zu essen gab. Das ist schon typisch, daß man die Frauen hier auch als Lohnarbeiter auf den Feldern von Großbauern arbeiten sieht und daß sie um 12 Uhr wie Arbeiter in Restaurants oder beim Bauern mitessen. Jetzt gehe ich Richtung Osjek, einen Ort, der noch über 150 km entfernt liegt. Von dort gehe ich nach Belgrad, Serbien, das aber ein Land in Jugoslawien ist und noch unter einem König steht, dessen Kopf man auf Geldstücken sieht, wie in Holland Wilhelmina. Nach Belgrad kommt dann Sofia, Bulgarien, und dann Adrinopel mit Konstantinopel, die in der Türkei liegen. Wenn möglich, möchte ich dann, von der Türkei aus links, Tifles (Rußland) kurz besuchen, was vermutlich aber nicht klappen wird. Auch will ich, nachdem ich mein Tagebuch nochmal lese, will ich in Zukunft etwas besser schreiben, denn so sieht es doch wohl sehr traurig aus. Auch nehme ich mir von heute ab vor, jeden Tag zu schreiben und auch deutlicher. Ich hatte erst gedacht, undeutlicher zu schreiben, falls der Polizei das Tagebuch vielleicht mal in die Hände fällt (was schon passiert ist), dann könnte sie nichts davon verstehen. Aber das ist Unsinn, denn schließlich müssen wir es ja selber auch ein bißchen lesen können.

Varanding, Mittwoch, 30. Sept. 1931
Neben meinem Entschluß besser zu schreiben, habe ich mich auch noch dazu entschlossen, den Tag regelmäßiger einzuteilen, d. h. die Zeit, in der ich unterwegs bin, esse usw. usf. Nachdem ich meinen Reiseplan heute morgen einmal genau überprüft habe, bin ich zu dem Schluß gekommen daß ich spätestens in etwa im Mai oder Anfang Juni zu Hause sein muß. Weil ich mir dann immernoch überlegen kann, ob ich an dem Kanalausflug teilnehmen soll, ja oder nein. Doch jetzt habe ich mir vorgenommen, nicht zu viel zu laufen, sondern jeden Tag, wenn es geht, etwas zu schwimmen. Außerdem werde ich morgens vor 9 Uhr essen, mittags um 12 Uhr und abends um 5 Uhr oder so. Das Essen den ganzen Tag über so wie jetzt muß endlich aufhören. Wenn ich ein bißchen besser aufpasse, wird es auch klappen. Auch werde ich fortan jeden Tag, an dem ich zu Fuß laufen muß, ungefähr 30 bis 35 km zurücklegen, 17 km vor und 17 km nach dem Mittagessen. Es wird hier auch schon viel wärmer und man merkt, daß man an der Schwelle zum Osten ist. In der Stadt Naranding, die ich um 12 Uhr erreichte, traf ich neben einem guten Mittagessen in einem kleinen Hotel jemanden, der mir ca. 10 Dinare gab. Nun steht der Dinar nicht sehr hoch im Kurs, und ist höchstens 8 4/10 Cent in holländischer Währung wert. Jetzt nehme ich Kurs auf die Stadt Orjek. Das sind so ungefähr 120 km hier von Naranding, also gut 3 Tage Arbeit. Denn hier in Jugoslawien auf Autos zu warten, ist schier unmöglich, hab ich festgestellt. Erstens fahren kaum welche und die, die

fahren, halten nicht an. Weiter muß ich sagen, auch wenn hier noch Sommer ist, sind die Nächte doch sehr kalt. Morgens, wenn ich schon früh aufbreche, ist alles mit dichtem Tau bedeckt und es dauert einige Stunden bis die feuerrote Sonne die letzten Tautropfen besiegt hat. Die Sonne geht hier sehr prächtig auf. Auch will ich noch eben sagen, daß das Essen hier wieder ein wenig dem unseren in Holland ähnelt. In Deutschland und Österreich ist es auch ganz gut, aber da gibt es meistens zu Mittag diese warmen Knödel, die aus Mehl- und Fleischspeisen gemacht werden und als Kartoffeln herhalten müssen. Erst hier habe ich wieder Kartoffeln mit Gemüse und Fett gegessen, was hier wieder bestens schmeckte. Jetzt versuche ich hier im Dorf einen Schlafplatz zu finden und bin schon 12 km von Varaneburg entfernt.

Donnerstag, 1. Oktober 1931, Djurdjeveu
Nachdem ich gestern abend einen Bauern fand, bei dem ich schlafen konnte, habe ich erst noch eine Stunde mitgeholfen, um Mais von den Blättern zu befreien. Die Kühe fressen dann später wieder die Blätter, so daß die ganze Pflanze verwertet wird. Damit war er, selbst die Kinder, im ganzen gesehen, noch spät beschäftigt. Sogar nach dem Essen — ich mußte mitessen — gingen sie noch arbeiten, aber ich ging schlafen. Oben auf dem Boden schaue ich gerade durch ein offenes Fenster den großen, hellen Mond an. Und durch diesen Anblick prägte sich mir die Nacht ins Gedächtnis ein.

(Das Folgende stand im Tagebuch meines Genossen, da ich glaube, seine Absicht zu erraten, habe ich dies abgeschrieben, zum Beweis dafür, daß er diesen Brief abgeschickt hat).

Mittwoch, 16. Sept. 1931

W. K.

Da ich Wien links liegen lasse und geradewegs durch Deutschland nach Österreich ziehe, schreibe ich Dir heute aus dem letzten Zipfel Deutschlands, während ich in Österreich dann Deinen zurückkommenden Brief erhalten kann. Viel Neues hab ich Dir nicht zu schreiben, nur daß ich nicht schnell vorankomme. Doch ich bin jetzt schon 1200 km gereist. Mir geht es ganz gut und ich poussier' herum. Weshalb ich jetzt schreibe, liegt daran, daß ich gerne wissen will, bevor ich auch Österreich verlasse, um Kurs auf Conztantinobel zu nehmen, ob in Holland alles in Ordnung ist und ob Du Schwierigkeiten hast, mein Geld zu erhalten. Schreib mir deshalb einen gewöhnlichen und keinen Eilbrief. Da ich noch weit von Klagenfurst entfernt bin, also keine Eile habe, aber bitte noch am selben Tag zurückschreiben! Postlagernd nach Klagenfurst. Kannst Du mir auch schreiben, wie es Wim v. Erkel geht? Der im Krankenhaus lag, als ich wegging. Grüße alle. Richte auch Frau v. Zijp die Glückwünsche zu ihrem Geburtstag von mir aus. Und eine gute Heimkehr Deines Bruders Sjaak.

Beste Grüße M. v. d. Lubbe (so endet sein Brief)

Gedanken

Als ich die ganze Nacht von Portershaven, wo ich das Schiff verließ, nach *) gelaufen bin. Alles war damals so still und genau so wie im Westland was dem hier so sehr entspricht, auch wenn es noch etwas reicher ist. Ich habe heute morgen noch bei einigen

*) unleserlich

111

Bauern um Arbeit gefragt, da dort große Steinhaufen auf dem Hof lagen und einige schon arbeiteten. Aber es gab nichts für mich, weil die Bauern hier diese Arbeit alle selbst machen, ja die Frauen selbst Kalk herstellten usw., also bei allem mithelfen. Die einheimischen Maurer arbeiten hier auch ganz anders als bei uns in Holland, das ähnelte wieder etwas der Arbeitsweise der deutschen und österreichischen Maurer. Anstatt die Kelle zu benutzen, arbeiten sie hier alle mit dem Schlaghammer und viel langsamer. Aber die Steine sind viel größer. Gerüste, die bei uns an der Außenseite der Mauer stehen, gibt es hier nicht, der Maurer macht das aus der Hand unter Zuhilfenahme einer Wasserwaage oder etwas ähnlichem. Auch die Feldarbeit ist hier ganz anders. Z. B. stechen sie die Kartoffeln bei der Ernte nicht mit einer Forke aus wie bei uns, sondern hacken sie aus der Erde, was mir viel schwerer zu sein scheint, so auch das Mauern. Die Forke sieht man hier z. B. fast überhaupt nicht. Dennoch habe ich noch eine große Maschine gesehen, die mir noch nicht zuvor begegnet ist, bis auf einmal in Deutschland bei Coblens. Und obschon der Transport von Sand oder Kies oder was auch immer mit großen Ladeschaufeln wie bei uns in Holland geschieht, unterscheiden sie sich dadurch, daß die automatisch funktionieren, keiner am Steuer sitzt und entlang großer Drähte viele Kilometer weit gebracht werden. Außerdem stelle ich fest, daß fast alles Kleinbetriebe sind, sowohl die Industrie, die es hier nicht so viel gibt wie Landwirtschaft. Wegen all dieses Selbstmachens, das ich sehe, denke ich auch wieder an den Hühnergarten, den wir selbst anlegen wollten, weil man hier auch Glucken mit Küken sieht, auch wenn's nicht so viele Hühner sind. Daß man alles selbst machen und bauen kann, hat natürlich

seinen Vorteil und bringt im Prinzip wohl auch Spaß.
Aber alles zusammengenommen, scheint mir gemein-
sames Arbeiten im Betrieb oder sonstwo, auch zusammen mit anderen Arbeitern, besser zu sein. So sitze
ich hier z. Zt. am Straßenrand, und einige Meter von
mir entfernt bekommt ein kleiner Junge von etwa
acht Jahren einen Klaps von seinem Vater, ich denke,
weil er das Pferd und die zwei Kühe, die einen Pflug
ziehen, hinter dem er selbst auch hergeht, nicht richtig lenkt. Nun soll man sich das doch einmal vorstellen, daß so ein Bub von acht Jahren den ganzen Tag
auf einem Stück Land, das man von einem Ende bis
zum anderen nicht überblicken kann, flink hin- und
hergehen muß, und das mit drei Viechern, die so'n
Kind lenken muß, was so ohne weiteres schon nicht
leicht ist. So sehen wir das überall unter dem Kapitalismus, daß am meisten die Alten und Kinder ausge-
beutet werden, weil sie am billigsten sind. Und wenn
schon nicht der große Chef dies tut, was soll es, denn
der Kleinbauer muß wohl für sein Fortbestehen not-
gedrungen dasselbe tun, da ist dann doch der Groß-
kapitalismus Schuld dran. Nur der Kampf, der als Ge-
genkraft zum derzeitigen Zustand einmal selber wird
kommen müssen, wird hierin Veränderung bringen.
Ich gehe jetzt weiter, weil ich gerade einen Lastwagen
getroffen habe, der mich 20 km weiter von Lubbeg
nach Koprivauw bringt. Auch habe ich vergessen zu
schreiben, daß man hier die Kühe so häufig vor den
Wagen gespannt sieht. Pferde sieht man hier nicht oft,
ich glaube, daß sie den Bauern zu viel kosten, für die
wenige Arbeit, die es gibt. Wenn man dann auf so
einem Auto sitzt, sieht man immer so'n Bauern
schnell nach vorne laufen, um die Kühe an den Köp-
fen festzuhalten. Die Straßen sind hier überraschend
schlecht und wenn ein Auto vorbeifährt, hinterläßt

es mindestens eine 1 km lange Staubwolke. Aber es gibt hier wenig Verkehr und das macht schon einiges aus.

Freitag, 2. Okt. 1931

In Djurdjauw traf ich einen prima Bauern, bei dem ich gut geschlafen und gegessen habe. Auch sprach ich dort noch ausführlich mit einem Studenten, der Philosophie studierte und jetzt von zu Hause, aus Agram, Ferien machte. Als er mich plötzlich fragte, was ich sei, machte ich mir einen Spaß draus, einfach „Kommunist" zu sagen, um zu sehen, was er sagen würde. Das war noch besser als ich zuerst gedacht hatte, er bemerkte nur, daß es hier sehr streng ist und man aufpassen müsse, nicht im Knast zu landen. In Djurdjeuw habe ich auch einen Schuster gefunden, der meinen Rucksack, der kaputt ging, wieder heil machte. Das hat er gut gemacht, meine Schuhe hat er auch genäht, da sie lose waren. Ich hab ihm versprochen eine Karte zu schicken. Unter anderem meinte er auch, daß hier eine Militärdiktatur herrscht und es wenig Versammlungen und Pressefreiheit gibt. Inzwischen habe ich rausgefunden, daß Osjek viel weiter entfernt ist als ich ursprünglich angenommen habe und es noch einige Tage dauern kann bis ich dort bin, um auf die Hauptstraße nach Belgrad zu kommen. Auch weiß ich jetzt endlich, wie die Bauern hier ihr Land gepachtet haben, sie haben es gemietet oder es ist ihr Eigentum. Der letzte Bauer hat mir erzählt, daß das Land hier von der Regierung (oder von einer staatlichen Kommission) zugeteilt und nach einer bestimmten Anzahl von Jahren vertraglich festgelegt wird. Daran wird es m. E. liegen, daß es hier so viele Kleinbetriebe gibt. Genauso wie bei uns im Haarlemmermeer, wo man dasselbe sieht.

Perewa, Stedionica, Verowica, Virowitra, Virovitica, Samstag, 3. Okt. 1931

Von weitem schon kann man sehen, daß Virovkeu
ein kleines Industriestädtchen ist, wegen seiner vielen
Schornsteine. In Virovitica habe ich meinem Bruder
Piet in Voorhout eine Karte geschickt. Ich hab mir
jetzt auch eine Mundharmonika gekauft, die mich 10
Dinare kostete. Für's erste hab ich mir nicht so eine
teure gekauft, da die doch bald falsch gehen, und
wenn man's kann, kann man sich immernoch eine
teurere kaufen. Außerdem hab ich mir gedacht, da
ich auch noch ein Stück Seife für 2 Dinare und eine
Karte [gekauft habe], die überhaupt nicht teuer war
und nur 1 1/2 Dinare kostete, daß ich meine deutsche
Mark einwechseln sollte. Doch das brauchte ich nicht
zu tun, ich habe jetzt außer meinen 5 Schillingen
noch 1 Dinar und meine Mark übrig. Das geht also
noch. In diesem Städtchen sah ich auch noch einen
echten, was man so einen kleinen Markt nennt. Da
sah man all die Kleinbauern ihre Produkte, ihre Eier,
Kartoffeln, ihr Gemüse und Obst in kleinen Mengen
verkaufen. So'nen gleichen Markt hab ich nur in
Holland in Arnheim gesehen. Ich kaufte für 2 Dinare
Nüsse auf diesem Markt, von denen ich so viele bekam, daß alle meine Taschen voll waren. Ich brauche
sicher nicht zu sagen, daß ich mich heute Mittag nicht
sehr beeilen werde, wo ich jetzt die Mundharmonika
habe. Ich kann zwar noch nicht viel, aber ich lerne es
schon ein bißchen. Ich bin noch 15 km von Virovitica
entfernt und habe ein Schlafplätzchen bei einem Bauern
hier im Dorf B. gefunden. Weil morgen so eine Art kirch-
liches Fest für sie ist, sitzen die Bauern jetzt draußen bei
einer Art Lagerfeuer und rösten ein Ferkel. Neben einem
guten Teller Kartoffeln bieten sie mir immer diesen
Mors oder Wein an, aber das trink ich nie wieder.

Naziek, Sonntag, 4. Okt. 1931

Als ich Bamuna verließ, bekam ich von dem Bauern noch ein herrliches Stück Rosinenbrot mit 2 großen Büscheln Weintrauben und Äpfeln mit auf den Weg. Das traf sich also gut. Auch ist in dem Dorf heute so eine Art katholisches Fest, das jedes Jahr am ersten Sonntag von St. Michiel stattfindet. Als ich heute morgen wegging, sah ich, daß sie schon früh damit beschäftigt waren, eine Art Markt mit Festlichkeiten zurechtzuzimmern. Von dem Bauern hab ich auch noch gehört, daß in den Dörfern hier die 4-jährige und in den Städten die 7-jährige Schulpflicht besteht. Und daß die Bauern noch sehr viel für ihr Ackerland pro Jahr bezahlen müssen.

Osjik, Montag, 5. Okt. 1931

Wenn ich in Ierbregen und Bulgarien auch so wenig Glück habe wie jetzt in Europa, wo ich ständig zu Fuß gehen muß, wird mein Reiseplan nicht mehr stimmen. Und da ich im Frühling in Holland zurück sein will, werde ich ihn vielleicht nicht durchführen können. Naja, in Constantinopel muß es noch viel Arbeit geben, wie man hier im allgemeinen hört, also vielleicht werde ich dort dann ein paar Wochen arbeiten. Deshalb muß ich auf jeden Fall sehen, daß ich am 1. Mai in Berlin bin, dann kann ich das wenigstens noch mal mitmachen und bin rechtzeitig zu Hause. Ich bin hier auch, was man so nennt, echten Zigeunern begegnet. Es ist schon typisch, wie eigenartig die Leute gekleidet sind. Ich glaube, daß sie manchmal gerade auch deswegen so eine ganz kaputte Jacke und Hose tragen, weil sie's gerne mögen und nicht anders haben wollen. Außerdem will ich noch schreiben, daß die meisten Bauernhäuser hier keine Fußböden haben und sie deshalb auf dem harten Boden leben. Auch ist das holländische Mauerwerk im Vergleich zu hier der Gipfel der Sorgfalt.

Dienstag, 6. Okt. 1931, Nulhoven. Wukewar.
Ich bin also schließlich heute morgen durch Osjek gekommen und befinde mich schon wieder auf der Straße nach Wukewar, das ungefähr 30 km von hier entfernt liegt. In Osjek habe ich meine Haare schneiden und mich rasieren lassen, was mich 8 Dinare kostete. Auf der Bank habe ich mein ganzes ausländisches Geld, 1 Mark und 5 Schillinge, gegen Dinare gewechselt. Das hab ich getan, weil es besser ist, Geld des letzten Landes zu besitzen, da weiß man eher was man hat und dafür in einem anderen Land kriegt. Es ist in diesem Land schon komisch, daß in allen etwas größeren Städten scharf kontrolliert wird, auf Ein- und Ausfuhren wird besonders geachtet. Auf allen Straßen zur Stadt hin gibt es Schlagbäume, vor denen alle anhalten müssen. Ich sah hier in Osjek eine große Truppe Soldaten im Marschtempo mit einer Musikkapelle vorneweg durch die Stadt ziehen. Doch eigentlich sahen ihre Gesichter anders aus als die Musik klang. Während ich dies am Straßenrand aufschreibe, begegnete mir kurz außerhalb Osjeks ein Auto der Singer-Nähmaschine, das nach Wukewar fuhr, was fast eine Tagestour zu Fuß ist, und ich hatte umso mehr Glück, da man das hier nicht kennt. So bin ich nun in der Nähe der Donau gelandet und werde das Wasser wohl bald sehen, so daß ich mal schön schwimmen gehen kann. An der Straße stehen hier viele Nußbäume, denen ich dann auch kein Unrecht antue, wenn ich sie soviel wie möglich von den Nüssen befreie. Insgesamt habe ich nun 38 Dinare, von denen ich die drei 10-Dinarescheine nicht anbrechen will und die anderen 8 noch in diesem Land ausgebe.

Mittwoch, 7. Okt. 1931, Mitrowitsa

Eigentlich finde ich mein Tagebuch immer unwichtiger. Ich schreibe nur deshalb jeden Tag meinen Bericht, weil ich es mir nun einmal vorgenommen habe. Ich glaube, wenn ich an meinem Zielort angelangt wäre, hätte ich wohl was besseres zu schreiben. Schließlich will ich folgendes noch berichten. Ich habe schon gesagt, daß es hier viel Ackerbau gibt, sieht man hier doch nicht viel Viehwirtschaft. Kühe sieht man hier selten. Und die Bauern, die welche haben, kaum mehr als 4 oder 5, die sind meistens so mager wie 'ne Heuschrecke. Man sieht hier auch fast kein Gras oder Wiesen. Das meiste Ackerland. Die Viecher geben gewöhnlich nicht mehr als 5 oder 8 Liter Milch pro Tag. Was schon viel ist. Und doch ist es schön, die Kühe abends nach Hause gehen zu sehen. Nur wenn die Kühe zusammen gehen, gibt es Begleiter, sonst gehen sie alle von allein in den Stall. Die Ställe befinden sich sogar meistens mitten im Dorf bei den Bauernhäusern. Selbst die Schweine tippeln am Abend seelenruhig über die Straße nach Hause. Die Leute sind hier immer noch viel mit dem Einfahren, Pellen und Trocknen der Maisernte beschäftigt. Bei einigen Bauern habe ich schon mal vor dem Schlafengehen bei dieser Arbeit mitgeholfen. Wofür ich selbstverständlich etwas Gutes zu essen bekam. Es ist schon ganz schön so ab und zu zur Abwechslung zu arbeiten; aber das darf natürlich nicht zu lange dauern, da wir weiter müssen und ich unterwegs nur dann arbeiten würde, wenn ich genug Geld verdienen könnte. Wie z. B. in meinem Beruf oder etwas anderes für ein paar Monate. Heute traf ich noch einen Deutschen, der mir sagte, daß ich in einem Kaff 15 km von hier entfernt an einer der Hauptstraßen vielleicht arbeiten könnte, an einer Kirche, die sie da bauen. Aber da geh ich doch nicht hin, erstens muß ich dann einen so großen Umweg machen, und dann noch nicht wissen, was man kriegt. Und dann ist hier noch Jugu Slawien, d. h. Arbeitszeit von 6 bis 6 bei 1 1/2 Stunden Mittagspause, also 10 1/2 Stunden pro Tag, und dann für 40 bis 45 Dinare, was höchstens f 3 oder f 3,50 an holländischem Geld wert ist. Da lauf ich lieber jetzt noch ein Stückchen weiter. Auch wenn das Essen hier nicht so gut ist, kriegt man doch überall etwas. Also dafür arbeite ich hier in der Fremde doch nicht! Gestern abend ging ich zu spät aus dem Dorf weg, denn es war bis zum nächsten noch 1 1/2 Stunden zu Fuß. Und wenn es dunkel ist, findet man nicht so schnell einen Bauern, da sie schnell mißtrauisch werden, vor allem wenn man ein bißchen seltsam spricht, für sie, so wie ich. Los, ich gehe jetzt wieder weiter zum Dorf, an dem ich jetzt dicht dran bin, da die Sonne sich grad noch wie eine große rote Kugel überm Erdboden zeigt. Das ist wunderschön, so wie das Meer alles reinwäscht erleuchtet sie alles hell. Die goldenen Strahlen, welche gleichsam ‚Guten Abend‘ sagen, spiegeln sich auf meinem Papier wider. Die Bauern mit ihren vollbeladenen Karren ziehen heimwärts. Ich gehe auch.

Donnerstag, 8. Okt. 1931, Ruma

So werde ich mal gleich hier beim Brunnen einige Seiten vollschmieren oder besser gesagt, meinen Bericht schreiben. Ja, das muß ich sagen, daß man hier viel Brunnen an der Straße sieht. Das kommt daher, daß in diesem Gebiet wieder viele Pferde für die Feldarbeit eingesetzt werden, so daß sie dann daraus trinken können. Ich jedenfalls wasche mich da drinnen, auch meine Füße so wie jetzt wieder. Einmal stand so ein Brunnen an einer langen, einsamen Straße. Weißt du, was ich dachte? Da kann ich mich mal ganz schön von oben bis unten drinnen waschen. Das tut man natürlich nicht in so'nem Brunnen, sondern in einem Becken, das überall davor steht und leerlaufen kann. Als ich gerade fertig war, kamen einige Bauern aus einem hohen Maisfeld hervor und fingen doch Streit mit mir an, wovon ich natürlich nichts verstand. Zufällig kamen noch mehr Bauern vorbei und denen wurde gleich ausführlichst erzählt, was passiert war. Aber diese fanden es scheinbar gar nicht so schlimm, sondern lachten nur ein bißchen drüber. Als ich jedoch weitergehen wollte, sagte der erste, daß ich zu ihrem Dorf mitkommen sollte. Da ich ihnen aber deutlich machte, daß mir damit nicht gedient wäre und ich also nicht mitgehen würde, zogen sie vondannen und ließen mich gehen. Ich war jedenfalls erst beruhigt, als ich einige Dörfer weiter weg war. Auch habe ich's jetzt einige Tage hintereinander schlecht mit dem Mittagessen getroffen. Im allgemeinen passiert das sonst nicht so oft, und man bekommt schnell was, wenn man zur Essenszeit kommt, ich beklag mich dann auch nicht drüber. Doch so wie in Deutschland oder Österreich ist es hier nicht, daß man bei allen Bauern, bei denen man schläft, etwas zu essen kriegt und ein bestrichenes Brot oder mit was drauf. Auf das Brot hier kriegt man fast nirgendwo was drauf, nur bei einer höchsten Ausnahme. Aber die Menschen haben's hier im allgemeinen auch selbst nicht und essen auch selbst viel trockenes Brot. So hoffe ich jetzt noch Ruma zu erreichen, wohin es noch eine Stunde zu Fuß ist, das ist bereits die letzte große Stadt vor Belgrad, was jetzt noch 70 km weit ist. Dann komme ich so ungefähr in der nächsten Woche nach Serbien. Man spricht dort dieselbe Sprache wie hier und es gehört zum selben Königreich. Doch soll es noch ein ganz anderes Volk sein, noch halb wild, wie man mir hier erzählt hat. An der bulgarischen Grenze sollen sogar noch Räuber oder so was öfters vorkommen. Ich hab aber nicht so große Angst und es kann in Europa vielleicht genauso werden, auch wenn ich das kaum glaube. Weiter gewöhne ich mich schon wieder ein bißchen ans Reisen und fühle mich im allgemeinen frohgelaunt. Doch verläuft es nicht so nach meinem Sinn wie früher, auch weil hier alles so arm ist und ich gelernt habe, mit etwas weniger auszukommen. Das geht jetzt noch nicht, aber wir werden's schon versuchen, wenn's so weit ist. Über dieses Schwimmen denke ich auch hin und wieder nach, und ich werde das auch versuchen, wenn's noch möglich ist, da man dann auch zeigen muß, unter allen Umständen denselben prinzipiellen Standpunkt einzunehmen. Auch will ich damit, und wenn es nicht anders geht, ohne dem, mit etwas anfangen. Auf jeden Fall muß ich mir so gesagt, wenn es in Holland keine Arbeit gibt, selbst Arbeit und somit einen kleinen Verdienst schaffen. Darum lautet die Parole: am 1. Mai in Berlin sein und dann zurück nach Hause, um dann weiterzusehen, was zu tun ist. Jetzt gehe ich gerne weiter, sonst komme ich nicht in Ruma an. Meine Füße sind auch wieder frisch, von Wasser und der Sonne. Mir ist nämlich ein bißchen kalt geworden vom Stillsitzen. Obwohl ich sagen muß, daß hier noch schönes Wetter ist, weil es bei uns meistens schon ziemlich kalt werden kann, wie hier früh am Morgen. Jetzt noch ein bißchen Wasser getrunken und dann vorwärts marsch, unterm Gesang oder Mundharmonikaspielen eines Liedes „Voorwaarts is ons aller leuzen vrijheid of den dood" [„Vorwärts ist unser aller Parole Freiheit oder Tod . . ."]. Welche Weise das ist, wissen sie hier doch nicht, und wenn sie's wissen, ist es auch egal. Aber viele andere Lieder wie die „Internationale" kann ich noch nicht spielen.

Freitag, den 9. Okt. 1931

Ich muß doch sagen, daß das tägliche Aufschreiben der Ereignisse auch seine gute Seite hat, auch wenn ich es selber nicht so interessant finde. Ich habe es jeden Tag mehr oder weniger automatisch getan, ohne darüber nachzudenken. Doch von heute ab will ich es etwas bessern. Deshalb will ich gleich begründen, warum ich schätze, spätestens im Mai zu Hause zu sein. Das hat wohl zwei Gründe. Der erste, daß dann alle Schulden in Holland und Frankreich beglichen sein können und ich selbst etwa 30 oder f 40 übrig habe. Zum zweiten, daß es dann wieder Frühjahr, also eine etwas bessere Jahreszeit ist. Ich habe vor, aus Adnavaopel, die erste große Ortschaft in der Türkei, nach Holland zu schreiben. Vielleicht werde ich in Belgrad einige Ansichtskarten in den Briefkasten werfen. Seltsam, daß man hier in diesem Land auch viele Leute auf Wanderschaft sieht. Ich habe sogar ein verheiratetes Paar und mehrmals Männer mit Frauen angetroffen. Es ist doch traurig, wenn man sich das gut überlegt. Auch erlebe ich oft, gestern noch, daß sie mir anbieten, zu zweit weiterzuziehen, da dies angenehmer sei. Doch ich habe keine Lust dazu, ich gehe lieber alleine. Nicht, daß ich es nicht nett finden würde. Aber wenn man zu zweit geht, ist man so gebunden, und ich befürchte, daß dann von meinem Reiseplan nichts übrig bleibt. Ich habe sowieso schon Schwierigkeiten, da es hier wenig Mitfahrgelegenheiten gibt. Ich bin aber immerhin schon hier in Jugu Slavien, durch schöne Städtchen gezogen, wie jetzt z. B. in Ruma, alles liegt ziemlich nah aneinander. Und trotzdem kaum Autos, das kommt hauptsächlich, weil es hier kaum Industrie gibt und die Bauern alles mit Karre und Pferd transportieren. Sobald ich nun durch Belgrad durch bin, werde ich versuchen, mich in dem einen oder anderen Städtchen aufzuhalten, um alle meine Sachen mal ordentlich zu waschen. Der Vorrat sauberer Wäsche, den ich bei mir hatte, ist aufgebraucht, und ich habe gestern mein letztes sauberes Hemd angezogen. Meine Tageszeitung vermisse ich sehr, oft denke ich, wie wird es in Europa aussehen?

Um schlafen zu können, habe ich gestern in Ruma lange suchen müssen, ich habe mir dann auch vorgenommen, abends nicht mehr in eine Stadt zu gehen, sondern in den Dörfern zu bleiben, weil es da leichter gelingt. Es ist dann auch fast unvorstellbar, wie unangenehm das ist und was für Beschimpfungen man dann nach allen Seiten hin ausstößt. So will man dann den Kampf in sich selber gegen diese Gesellschaft und ihre Besitzer anheizen. Aber nicht bloß solche Momente! Denn es gibt auf dieser Reise so viele schöne und besondere Augenblicke, wo man wieder das Gute der Menschen kennenlernt und auch dadurch bei sich denkt: ,,Aber du hast nicht umsonst gegeben, später werden wir allesamt uns dafür einsetzen!"

Einige solcher Augenblicke will ich jetzt mal erwähnen. So fuhr ich einmal mit Pferd und Wagen aus einer Stadt mit, der, während die Sonne unterging, langsam nach Hause fuhr. Ich saß hinten auf dem Wagen mit meinem Rucksack neben mir. So fuhren wir an einem alten Mütterchen vorbei, das mit ihrer Tasche mit Einkäufen und einem Brot unterm Arm aus der Stadt auch nach Hause ging. Und als sie mich so sah mit dem Rucksack neben mir, denkt sie ,,der ist wohl auf der Reise", bricht sie ein Stück Brot ab und gibt es mir. Das trifft einen dann tief und tut einer Vagabundenseele sehr gut. Zufällig hatte ich ein Paar gute Schuhe, die mir aber zu klein waren, bei mir, und ich fragte, ob sie sie gebrauchen könne. Leider konnte sie nichts damit anfangen, das tat mir leid. Ein anderes Mal fahre ich mit einem Wagen mit. Zufällig ist die Schule gerade aus, zwei Jungen drauf und gleich war es voll. Viele laufen hinterher. Doch einer nach dem anderen gibt auf. Einer aber, ein kleines Kerlchen von etwa sechs Jahren, hält sich am Wagen fest und läuft so mit, bis ich ihn hochhebe und er bei mir auf dem Wagen saß. Er mußte auch eine ganze Strecke mit, und deshalb wird er nicht so schnell aufgegeben haben. Wahr ist, daß man Kinder wirklich lieben kann. Man kann solche Kinder kennenlernen, daß man selber spürt, daß alles auf der Welt einmal anders gehen muß und einmal anders gehen wird. Das liegt sozusagen alles schon in ihren Augen verborgen. Und der Refrain „Wir sind die junge Garde des Proletariats" klingt für sie alle, denn das sind sie ja. Als er heruntersprang, um in einem Seitenweg zu verschwinden, winkte er mir noch von weitem zum Abschied zu. Und ich hatte doch wenig mit ihm gesprochen. Nun grüßen die Kinder in diesem Gebiet häufig, aber das kann man nicht mit [uns] vergleichen, denn es ist pure Gewohnheit und einfach angelernt so wie sich die Leute hier zum Beispiel auch alle an die Mütze fassen, wenn man vorbeigeht. Aber da halte ich nicht so viel von. Ich höre lieber wie in Holl. ein deutliches „Guten Morgen" oder „Servus" wie in Deutschland und Österreich und „Jobardardar" so wie hier, das ist viel besser. Nun gibt es noch viel mehr solche Sachen, zum Beispiel einen Schuster, ich schaue ihm bei der Arbeit zu und er fragt: „Soll ich deinen Schuh mal nachsehen?" oder so wie heute

morgen, erst einige Häuser nichts, etwas weiter weg
ein kleiner Bauer mit gutem Kaffee und Brot, wovon
ich so viel nehmen durfte wie ich wollte. Das ist nun
einmal das typisch Menschliche. Wir brauchen nicht
darauf aus zu sein, um Gutes zu tun. Denn nur wenn
es sich aus den Umständen so ergibt, machen wir es,
nicht aus Philanthropie, sondern weil es gut ist, weil
wir durch den Augenblick und die eingetretenen Umstände in der Lage sind etwas Gutes zu tun. Nicht so
wie es in der Welt geschieht, daß man die Plätze
sucht, das ist schrecklich. Nicht nur der Empfangen-
de, sondern auch der Spender kann doppelt froh sein,
ohne den geringsten Dank zurückzubekommen. Aber
selbst ist man immer froh und dankbar. Ich glaube,
daß sich bei den Menschen, die kein Gespür mehr dafür haben und es mehr als Formel betrachten, die
Demoralisierung breit macht. So wie bei vielen Leuten, die sich hier herumtreiben und geringschätzig
über dies und das und alles, was sie kriegen, sprechen.
Und dennoch bin ich davon überzeugt, daß Geben
einfacher ist als Nehmen. Ich werde dann auch froh
sein, wenn diese Reise zu Ende ist. Aus dem Bergland
bin ich nun ganz draußen. Die Landschaft, in der es
jetzt außergewöhnlich viel Mais und auch Wiesen gibt,
ähnelt wirklich sehr den Wiesen in Holl. Die Straße,
die ich jetzt entlanggehe, ähnelt zumindest sehr der
von Leiden nach Rotterdam, der Landstraße über
Zoetermeer. Auch verläuft die Straße hier in solchen
merkwürdigen Kurven, so daß man sämtlichen Um-
wegen folgen muß. Diese blöde Straße geht durch
jedes Dorf, auch wenn es einige km außerhalb der
Richtung liegt. Daß sie noch nicht alle nach Rom
führen, verwundert einen fast. Und daß die Militärs
hier 'ne ganze Menge zu sagen haben, kann man schon
merken. Zum zweiten Mal bin ich nun schon von

denen angehalten worden. Alles muß man auspacken und auch sie konnten einfach nicht darüber hinweg, daß ich keinen Einreisestempel hatte. Es sollte mich auch wirklich wundern, wenn ich hier ohne weiteres herauskommen sollte. Ich muß danach trachten, solche Stempel das nächste Mal auch wirklich zu bekommen, auch wenn ich dann mit dem Zug fahren muß, vom letzten Bahnhof des einen Landes zum ersten des anderen Landes, das scheint mir wirklich das Beste zu sein.

Es ist auch typisch, auch wenn es zum soundsovielten Mal ist, daß die Leute, Bauern und andere, mich immer fragen, ob ich Student oder Meister sei oder ob ich von der höheren Schule komme. Ich bin in ihren Augen sicherlich bewundernswert: Man merkt jetzt hier auch, daß man sich der Türkei nähert. Die Leute tragen hier schon alle diese hohen Turbane, sie sehen wie die Napoleonhüte aus. Sie gucken zumindest verwundert, daß ich nichts aufhabe. Ich habe heute Mittag keine warme Mahlzeit finden können, sondern nur Brot, Speck und Käse, was aber bis morgen ausreicht. Weil sie alle so mit der Ernte beschäftigt sind, kochen die meisten nicht. Auch, daß man nicht immer die genaue Zeit kennt, das ist lästig. Auch möchte ich noch schreiben, daß viele Bauern hier schreckliche Wachhunde haben. So biß mich noch heute Nachmittag einer in meine Hose, glücklicherweise nicht ganz durch, denn hier unterwegs muß ich sehr auf meine Klamotten achten, denn ich muß sie ja noch lange tragen. Meine Schuhe sind noch ganz in Ordnung, oft sagen die Leute hier: ,,Na, damit kannst du bestimmt noch bis Holland kommen". Nur sind die Schuhe ganz schwer, und meine Füße tun am Ende des Tages weh. Meine Füße müssen sich wahrscheinlich noch an diese schweren Schuhe gewöhnen.

Samstag, 10. Okt. 1931, Belgrad

Beim ersten Bauern, den ich gestern abend frage, ob ich bei ihm schlafen könnte, hatte ich schon Glück. Ich bekam 2 Decken und sogar ein Kissen, während ich abends mit ihnen essen durfte, und am nächsten Morgen bekam ich noch ein Brotpaket und ein Stück Käse mit. Da Belgrad noch 30 km entfernt liegt, bin ich heute morgen früh aufgestanden, um am Nachmittag durch Belgrad gehen zu können. Aber meistens stehe ich auch früh auf und bin fast niemals später als 6 Uhr auf den Beinen. Auf dem Wege nach Belgrad, ungefähr 5 km davon entfernt, sah ich noch einen großen Flugplatz, auf dem zufällig viele Maschinen landeten und aufstiegen. Ich dachte mir, es wäre schön, wenn ich mit so 'nem Ding mitfliegen könnte, das geht eben doch schneller. Ich vermute, daß es ein Militärflugplatz ist. Ganz in der Nähe war zumindest eine große Kaserne, vielleicht wird man da zum Flieger ausgebildet. In einem Dorf sah ich auch noch eine Seefahrtsschule. Eine Flotte haben sie hier also auch. Heute mittag im selben Dorf vor Belgrad habe ich mal wieder ein gutes Mittagessen mit weißer Bohnensuppe bei einem Wagenbauer gehabt. Anschließend bin ich für 2 Dinare auf ein Boot gestiegen, um über die Donau nach Belgrad zu fahren. Hier auf dem Schiff sah Belgrad wunderbar aus, da es auf Hügelland erbaut ist. Auf dem Schiff hielt mich noch ein Kerl an, der mich in Belgrad, als wir das Schiff verließen, zum holländischen Konsul bringen wollte. Ich hab ihm ganz schnell auf Wiedersehen gesagt, weil ich dazu nun überhaupt keine Lust hatte, und außerdem war er ganz schön blöd. In Belgrad habe ich schnell ein paar Karten zur Post gebracht, für die Familie Vink, dann wissen sie wieder wo ich bin. Es ist typisch, daß es auf dem Postamt

127

nur weibliches Personal gibt. An den Schaltern sieht man zwar häufiger Frauen, aber daß kein einziger Mann dabei ist, hab ich noch nicht erlebt. Belgrad ist nach Agram, die die Hauptstadt von Jugu Slawien ist, die zweitgrößte Stadt des Landes und zählt 200.000 Einwohner. Man sieht auch noch viele Schuhputzer an den Straßenecken. Nachdem ich mich noch rasieren ließ, was ganz schön teuer war, nämlich 4 Dinare, bin ich wieder flott weitergegangen. Schnell fand ich die richtige Straße nach Smerdewa und so nach Nisch und Sofia. Auf dieser Straße hielt ein Wagen an, der mich 30 km nach Smerdewa mitnahm. Da einen Schlafplatz in einer Herberge gefunden. Da traf ich ein paar Leute, mit denen ich einige Tage arbeiten kann, um ein Schiff zu löschen. Dabei kann ich 60 bis 70 Dinare verdienen, also kann ich das ruhig machen. Ich habe genau 2 Wochen gebraucht, um durch Jugu Slawien zu kommen. Auch wenn hier tatsächlich noch Jugu Slawien ist, bin ich doch in Serbien.

Sonntag, 11. Okt. 1931, Cuprijs
Arbeit war noch keine da, da das Schiff noch nicht angekommen war. Da warte ich natürlich nicht drauf, gleich danach hielt auf der Straße ein Lastwagen an, der nach Smerderwa und von da aus noch 50 km weiter nach Cuprijs fuhr, wonach nur noch Nisch als große Stadt vor Sofia kommt. Also Glück im Unglück. Serbien scheint mir noch dünner besiedelt als Jugu Slawien. Man kann hier manchmal 10 bis 15 km gehen ohne daß Häuser zwischen den Dörfern liegen. — Hier ist ein Stück vom Blatt gerissen, so daß es ein wenig unzusammenhängend wird. — Nach einigen Unkosten, die ich hatte, und ich kann in Zukunft ruhig noch etwas sparsamer sein, hab ich noch

29 Dinare übrig. Weil ich gleich mitgefahren bin, habe ich nicht in der Donau schwimmen können, was ich mir vorgenommen hatte. Ich muß schon sagen, daß das Flußwasser unglaublich schön ist. Gestern war die Donau fast so blau wie die Luft, während sie heute früh am Morgen im Nebel große Ähnlichkeit mit dem Nebel und der Luft besaß. Aber ich bin jetzt wieder von der Donau in eine andere Richtung gegangen. Ich hoffe, daß ich noch mal auf diesen Nebenfluß von ihr, die Morawa, die auch nach Nisch führt, treffen werde, um mal schön drin zu baden. Fast hätte ich vergessen zu sagen, daß wir heute morgen zweimal Pech mit dem Auto hatten, mit dem ich mitgefahren bin. Einmal eine Reifenpanne und das andere Mal lag es am Motor. Aber ich muß schon sagen, daß der Fahrer ein guter Fachmann war, nicht viel reden, sondern sofort den Wagen schnell und gut wieder in Ordnung brachte. Auch wird man sich vielleicht fragen, wie ich die Orte, wo ich hin muß, so schnell im voraus weiß? Das kommt daher, weil ich fortwährend vergaß aufzuschreiben, daß ich in Bertasgarden in Deutschland und in Klagenfurst von einer großen Autokarte von Europa, die an eine große Garagenwand geheftet war, alle Orte entlang der Hauptstraße nach Constantinopel auf ein Stück Papier eingetragen habe. Und wenn ich jetzt in einem Ort bin, frage ich nicht nach dem Weg nach Constantinopel, sondern nach der Straße zur nächstliegenden großen Stadt, durch die ich nach meiner Liste durchkommen muß. So ist es wirklich einfach, auf dem richtigen Weg zu bleiben, weil jedermann auf der Straße gleich eine Hauptstraße kennt, die zu einer Nachbarstadt führt. Die Menschen hier tragen auch schon diese eigenartigen [Schuhe] (ich glaube, es sind auch östliche oder türkische Schuhe, durch die Luft

hindurchgeht). Sie sehen wie spitze Schiffchen aus, die man in Venedig auf dem italienischen Meer fahren sieht.

Montag, 12. Okt. 1931, 5. Woche

Gestern abend fand ich schnell einen Bauern, der sonst aber zu gut für mich gewesen wäre. Ich wollte lieber im Heu schlafen, aber das durfte ich nicht, ich sollte drinnen auf einem Strohsack oder Bett schlafen. Von Schlafen konnte kaum die Rede sein, denn in der Nacht wäre ich vor Juckreiz fast umgekommen. Da waren aber auch wohl einige Ameisen dran Schuld, da ich mich gestern wohl eine halbe Stunde in so'nen Ameisenhaufen gesetzt habe. Dennoch glaub ich, daß dieses Bett auch nicht ganz sauber war. Auch fühl ich mich im Augenblick hundeelend. Ich hab schon 3 mal gekotzt. Ich glaube, das Brunnenwasser ist dran schuld, das ich gestern in dieser Wärme reichlich getrunken habe (es ist hier immernoch schön warm). Hoffentlich geht's mir bald wieder besser. In den letzten Tagen habe ich wenigstens Glück mit dem Mitfahren, heute morgen hat mich ein Auto 30 km weit mitgenommen. Das macht 'ne ganze Menge aus und ich kann heute mittag ausruhen und brauch nicht mehr allzu viel zu laufen.

Dienstag, 13. Okt. 1931, Nis

So fühle ich mich heute schon wieder etwas besser und habe am Morgen schon wieder etwas gegessen. Heute nacht in einem großen Heuhaufen geschlafen, weil das erste Dorf mir zu weit weg lag, und ich habe gut geschlafen. Ich habe ausgerechnet, daß dieses Buch in Constantinopel wahrscheinlich voll sein wird. Dann schicke ich es gleich mit einem Brief nach Holland, um mit dem nächsten zu beginnen. Ich werde dann aber etwas kürzer berichten. Sonst wird es viel zu weitschweifig und ich berichte sowieso nicht so viel Besonderes. Auch will ich bis Constantinopel in diesem Buch nur eine Seite pro Tag benutzen, sonst komm ich damit bis zu diesem Ort nicht aus. Heute morgen habe ich noch ein klares Bergbächlein entdeckt, in dem ich mich schön drinnen und meine Wäsche auch gewaschen habe, so daß ich noch einige saubere Kleidungsstücke habe, um nach Constantinopel zu kommen. Man sieht hier viele Zigeuner mit Pferd und Wagen und Zelten, in denen sie kampieren. Am Abend fand ich schnell einen Bauern zum Schlafen.

Mittwoch, 14. Okt. 1931

Nachdem ich gestern gut nachgedacht und alles gut abgewogen habe, habe ich heute eine wichtige Entscheidung getroffen. Die Frage, um die es ging, war gestern plötzlich ganz klar zu beantworten, daß ich zwischen zwei Dingen zu wählen hatte, nämlich entweder die Reise fortzusetzen, was jedoch viel länger dauern würde als ich gehofft hatte, oder die Wanderreise nochmals zu versuchen und zurückzukehren. Zwei Dinge gleichzeitig zu machen, die Reise fortzusetzen und im Frühjahr zu schwimmen, geht nicht. Ich habe also beschlossen zurückzukehren, so daß ich im Frühjahr mit der Vorbereitung fertig sein kann. Doch ich kehre nicht geradewegs zurück. Ich habe vorgehabt, auf der Reise nach China auch Tiflis — das ist in Rußland — aufzusuchen. Da ich jetzt jedoch nicht so weit gekommen bin, werde ich nicht Tiflis, sondern mehr vom europäischen Rußland mitnehmen und Kurs auf Oddessa und Rijeo halten. Ich werde versuchen, mich über die roten Grenzen zu schmuggeln. Rumanu habe ich mir als Land ausge-

131

sucht, um mal nach Holl. zu schreiben. Ich muß erst noch versuchen, durch Bulgarien zu reisen, da das jetzt das wichtigste ist. Weiterhin werde ich wahrscheinlich über Budapest, Wien, Prag, Leipzig, Magdeburg und so nach Holl. zurückkreisen. Nun werde ich wahrscheinlich in Holl., bevor ich nach Leiden zurückgehe, auch mal den Bosch aufsuchen. Außerdem habe ich heute mal wieder in einem großen Bach herrlich gebadet. Wenn es möglich ist, werde ich auch versuchen, während des Gedenkens an die russische Revolution, das, glaube ich, zwischen dem 7. und 14. November stattfindet, in Rußland zu sein. Wenn es mir nicht gelingt, setze ich meine Reise eben nach Hause fort. Also schreibe ich hier eben den Rückweg auf, weil ich auf jeden Fall nicht denselben Weg zurück über Jugu Slawien nehme, sondern einen anderen, weil derselbe Weg ziemlich langweilig und es hier auch nicht so großartig ist. Daß ich gerade jetzt dies beschließe, ist schon eigenartig, aber manchmal denkt man plötzlich über etwas ein bißchen tiefer nach und man fühlt, daß man wählen und eine Entscheidung treffen muß. Im Moment bin ich nicht weit von der bulgarischen Grenze entfernt. Ich befinde mich zur Zeit auf dem direkten Weg nach Bukarest, der Hauptstadt von Rumänien, da ich von dort aus in die Nähe von Rußland komme. Auch heute habe ich einen Bauern gefunden, bei dem ich schlafen kann. Er ist gerade sehr damit beschäftigt, ein Schwein zu schlachten. Ab und zu guckt er mich an, er wird wohl denken, nun, das ist auch ein Student, weil er so viel schreibt. Aber ich krieg noch herrlich was zu futtern vor dem Schlafengehen, also ist er noch nicht so böse.

Donnerstag, 15. Okt. 1931

Ich will doch wieder bald zurück, denn ich überlege mir auch ernsthaft, nicht über Rußland zu reisen. Vielleicht gelingt's nicht, und dann bin ich wieder einige Wochen umsonst gelaufen. Ich fasse so ab und zu auch den Entschluß, einfach geradewegs nach Hause zu gehen, dann kann ich so gegen Ende Dezember zu Hause sein. In Ungarn werde ich dann nach Holland schreiben. Heute morgen habe ich schon einem Holländer einen Brief nach Calais geschrieben, um mich nach Arbeit zu erkundigen. Die Reise kann ich jetzt in Ruhe fortsetzen und besser für mich selbst sorgen. Ich gehe jetzt anstatt nach Bukarest, was ich gestern wollte, nach Budapest und dann nach Wien.

Freitag, 16. Okt. 1931

Ich hätte hier in einem Städtchen an der Straße Arbeit kriegen können. Große Steine in kleine Stücke schlagen für 10 Dinare pro m^3. Ich habe erst zugesagt, aber da mir der Schlafraum später nicht so sauber vorkam, wo so zwanzig Mann auf Stroh lagen, habe ich die Arbeit doch wieder abgesagt. Wahrscheinlich werde ich das Tagebuch jetzt noch einige Tage bis Ungarn weiterführen, danach werde ich nichts mehr hinzuschreiben, weil ich jetzt doch die gewöhnliche Rückreise antrete, also kein Ziel mehr damit verbunden ist. In Ungarn werde ich es dann nach Holland schicken und dann ist die Sache gelaufen. Sollte ich jetzt doch einen Gefährten treffen, bei einem so weiten Rückweg würde ich das schon machen, da ich doch jetzt auch nicht mehr so in Eile bin. Ich habe ausgerechnet, daß ich 10 Wochen Zeit haben kann.

Sonntag, 18. Okt. 1931

Was war das für ein schlechtes Wetter diesen Freitag. Ich war am Abend klitschnaß, weil ich mich nicht

hatte unterstellen können. Deswegen bin ich direkt
zu einer Herberge gegangen, wo ich für 5 Dinare die
Nacht geschlafen habe. Anderen Tags, ein Samstag,
bin ich den Soldaten in die Arme gelaufen. Sie waren
mißtrauisch ohne so'n Stempel von Jugu Slawien, und
ich mußte mitkommen zu ihrem Quartier. In allen
Dörfern sind hier meistens 4 bis 10 Soldaten ein-
quartiert und die haben dieselben Aufgaben wie bei
uns die Polizei. Aber ich habe bei ihnen an diesem
Mittag gut gegessen und auch gleich noch meine
letzte nasse Wäsche getrocknet, die noch vom vorigen
Tag naß war. Am Abend wurde ich zur nächst großen
Stadt (Irasjer?) gebracht. Nachdem ich dort Samstag
nacht mit drei anderen Gefangenen zugebracht hatte,
bekam ich Sonntag morgen den gewünschten Stempel
und durfte weiterziehen. Sie haben mich also nicht
lange festgehalten und da war ich froh drüber. Von
den anderen Gefangenen hörte ich noch, daß hier in
Nisch ein großes Gefängnis ist, wo mindestens fünf-
bis sechstausend Gefangene sitzen, unter ihnen viele
Kommunisten. Ich gehe jetzt nach Negotin, wo ich
dann nach ein paar km über die Donau fahren kann
und in Ungarn bin. Von dort aus werde ich dann unverzüglich nach Holland schreiben, weil das nun
schon etwas zu lange dauert. Ich will noch eben kurz
schreiben, warum ich mich so plötzlich dazu entschloß zurückzukehren. Nicht nur deswegen, weil es
notwendig war, wenn ich im nächsten Jahr schwimmen will, sondern auch weil ich plötzlich ernsthaft
daran dachte, doch einmal einige Monate in Frankreich zu arbeiten. Warum hab ich bloß vor meiner
Reise nicht ernsthafter da drüber nachgedacht? Das
einzige Argument dafür kann sein, daß mir damals
alles mißlang und ich lieber nicht mehr drüber nach-
dachte. Im Augenblick befinde ich mich in einer

Dorfherberge 35 km von Negotin entfernt. Ich habe hier auch erfahren, daß mich das Übersetzen über die Donau bei Negotin auch noch drei Dinare kosten wird. Außerdem muß ich sagen, daß der Stempel in meinem Ausweis schmuckvoll aussieht, da er der erste ist. Heute mittag hielt mich noch eine Gruppe Bauern an, um mich nach meinem Ausweis zu fragen. Ich, jetzt nicht mehr auf den Mund gefallen, da ich wußte, daß alles in Ordnung war, fragte sie meinerseits nach ihrem Ausweis. Den hatten sie natürlich nicht und zum großen Vergnügen der anderen Dorfbewohner ließ ich sie stehen und ging trotz ihres großen Geschreis einfach weiter. Weiter trifft man hier ständig Zigeuner, und es ist schon faszinierend, solche typischen, interessanten und geselligen Menschen unter ihnen anzutreffen. Man trifft wirklich bewußte Menschen unter ihnen an. Ich muß auch noch schreiben, wie traurig und einsam ich mich auf dem Rückweg fühle. So daß einem alles gefühllos vorkommt. Doch geht das zum Glück wieder vorbei und morgens kann man wieder glücklich sein. Auch wenn die Leute plötzlich ihre Güte offenbaren, stimmt es doch wieder wohler. Jetzt höre ich auf zu schreiben, weil die Bauern hier in der Herberge derart lärmen, daß dir Hören und Sehen vergeht.

6. Woche, Montag, 19. Okt. 1931, Negotin
So bin ich jetzt schon wieder 10 km aus Negotin heraus und an der Donau gelandet. Ich muß jetzt noch mindestens 20 km an der Donau entlang gehen. Dieser Fluß ist hier wirklich gewaltig breit und der Weg führt andauernd am Fluß entlang, was eine schöne Aussicht preisgibt. In den letzten Tagen ist es hier sehr regnerisch, deshalb hab ich jetzt an meinem Regenmantel viel Freude, den ich noch in Deutsch-

land bekommen habe. Auch merke ich, daß die Entfernung an der Donau entlang viel größer ist als ich ursprünglich gedacht hatte, ich brauche also sicherlich noch einige Tage bis ich in Ungarn bin. Außerdem ist hier an der Donau entlang nichts als Traubenland und ich habe heute mittag schon wunderbar viele von den letzten Trauben, die eingeholt werden, gegessen. Ich habe jetzt erst entdeckt, daß man hier in Serbien überall fast umsonst in den Herbergen schlafen kann, was einem nicht so schnell bei den Bauern passiert. Auch jetzt schlafe ich hier in einer Herberge in der Nähe der Donau, in der ich morgen mal zu schwimmen versuchen werde, falls es nicht zu kalt ist. Heute nachmittag bin ich auch noch soweit mit einem anderen jungen Burschen mitgegangen, der ein Makedonier war. Aber Junge, Junge, was machte der Kerl für schnelle Schritte. Ich gehe jetzt meistens auch nicht so langsam, aber hatte doch kräftig zu tun, ihm folgen zu können. Ich schaue viel auf die großen Schiffe, die auf der Donau fahren, und denke mir, könnte ich bloß mit so einem mit nach Budapest fahren.

Cladoerva, Dienstag, 20. Okt. 1931

Gestern abend war da auch noch ein Bauer in der Herberge, der für mich das Zimmer dem Herbergsvater bezahlte, so daß ich heute Nacht gut geschlafen habe. Ich sprach auch noch mit den Bauern über ihren Hof und auch hier versucht der Großbetrieb den Kleinen immer mehr zu unterdrücken.

Mittwoch, 21. Okt. 1931

Also lief mir gestern wieder so'n eifriger Polizeimeister von der Distriktpolizei über den Weg, mit dem ich mitgehen mußte, da mein Ausweis nicht ganz in

Ordnung sein sollte. Heute nacht habe ich dann auch hier auf der Polizeiwache geschlafen, während ich noch nicht weiß, ob ich heute frei komme oder was passieren soll, viel können sie mir aber nicht anhaben. Ich kann mich tatsächlich auch frei bewegen, nur ist es eine sogenannte Untersuchung. Heute morgen bin ich dann auch ein bißchen in die Stadt gegangen und habe mich rasieren lassen. Ich habe auch meine Schuhe nähen und mir einige Eisenplättchen unter die Sohlen schlagen lassen, was mich 2 Dinare kostete. Ich habe noch so 24 Dinare übrig, von denen noch 4 abgehen, um die Donau zu überqueren. So daß ich 20 Dinare habe, die ich in anderes Geld wechseln kann. Ich bin jedoch noch nicht in Ungarn, wenn ich über die Donau gefahren bin, sondern muß erst noch ein kleines Stückchen durch Rumänien. Wenn ich schnell frei komme, kann ich in dieser Woche leicht aus Ungarn nach Holl. schreiben. Da ich heute doch nicht weiter kann, werde ich jetzt schon zum größten Teil den Brief schreiben, weil ich dann das nicht mehr zu machen brauche. Nachdem ich heute morgen dann auch meinen Brief teilweise geschrieben und noch etwas Wäsche gewaschen hatte, wurde ich um zwölf Uhr freigelassen. Ich bekam meinen Reisepaß zurück, auf den sie wieder einen großen Stempel gedrückt hatten. Bei der Polizei sieht man sonst viele dieser Typen, die im Dienst auch nachts da schlafen. Es war so, wie es im Polizeispion von Maxim Gorki beschrieben steht, so weit ich es beobachten konnte. Außerdem habe ich noch über die Donau zu schwimmen versucht, aber es klappte nicht, das Wasser war zu kalt. Wenn man jeden Tag Zeit hätte zu schwimmen, würde es schon klappen. Jetzt muß ich die Donau entlanglaufen, bis Orsowa, wo ich dann übersetzen muß, was auch wieder Geld kostet. Die Donau ist wirklich noch ein finanzieller Nepp, denn hier in Claduwa verlangen sie fürs Übersetzen 10 Dinare anstatt 4, was mir jedoch zu teuer ist. Im Dorf Pettawa fand ich eine gute Herberge, wo ich schlafen werde.

Donnerstag, 22. Okt. 1931, Pettawa
Was ich schon halb befürchtet hatte, ist mir nun passiert. Als ich heute früh am Morgen mit einem Boot für 5 Dinare zum anderen Ufer nach Rumänien gefahren war, schickte mich der Zoll von R. wieder zurück. Ich sollte erst ein Visum für das Land beantragen. Das war 'ne echte Enttäuschung, da ich jetzt einen großen Umweg durch Jugu Slawien machen muß, um Budapest zu erreichen. Doch als ich zurückgefahren war und die Anlegestelle entlanglief, hatte ich großes Glück und durfte mit einem dort gerade abfahrenden Schiff mit nach Belgrad fahren. Diese Schiffsfahrt kann ungefähr 4 bis 5 Tage dauern, da wir unterwegs auch noch 3 Kohlenschiffe hinterherziehen müssen. Das Essen, wie ich es heute mittag gehabt habe, ist durchaus gut, also das wird schon hinhauen. Ich habe ein paar deutsche Bücher zu lesen gekriegt und ich kann jetzt auch selbst mal mein Tagebuch nachsehen. Sonst ist es eine ganz schöne Reise, da hier auch hohe Berge sind, durch die die Donau fließt.

Freitag, 23. Okt. 1931
Also, heute nacht habe ich bestens auf dem Schiff geschlafen. Ich werde hier so'n bißchen als Gast behandelt, das trifft sich wirklich sehr gut. Ich werde wahrscheinlich noch eine Nacht hier auf dem Schiff schlafen und morgen, am Samstag, wohl in Belgrad sein. Zum Glück ist hier auf dem Schiff ein Junge, der Deutsch spricht, so daß ich also einen Ansprechpart-

ner habe. Von diesem habe ich auch gehört, daß Krieg zwischen China und Japan um die Mandschurei ist. Außerdem habe ich gestern mein Tagebuch nachgelesen, was einem nicht immer so gut gelingt. Ich schicke es lieber bald ab, weil ich doch nach Holl. schreiben muß, und stecke diesen Brief dann in das Buch. Aber ich brauche durchaus noch eine Woche, um von Belgrad nach Ungarn zu gelangen. Nun, da kann man nichts machen, derselbe Weg zurück ist doch langweilig. Ich will bloß noch sagen, da ich Serbien bald verlasse, daß ich von der Halbwildheit dieses Landes wenig gemerkt habe und wieder eine hohe Meinung von Jugu Slavien vermutlich habe. Meine Mundharmonika, die ich gekauft hatte, ist beim Mitfahren in einem Lastwagen kaputt gegangen, also hab ich sie weggeschmissen. Viel kann ich noch nicht, aber eine andere kauf ich nicht mehr.

Samstag, 24. Okt. 1931, Belgrad
So ist die Post also heute früh am Morgen in Belgrad eingetroffen. In Belgrad bin ich zum ungarischen Gesandten gegangen, der in meinen Paß einen Stempel drückte, um zwei Monate in Ungarn reisen zu dürfen. Also jetzt kann ich dieses Buch gleich mit dem Brief aus Belgrad nach Holland schicken, während Budapest der Ort für postlagernde Briefe aus Holland ist. Hiermit beschließe ich jetzt mein Tagebuch mit einer kleinen Schlußbemerkung.

Schlußfolgerung

Wenn man dieses teilweise Reisebuch durchblättert, erscheint es vielleicht im ersten Augenblick sehr schwierig, um auf diese Art zu reisen. Das ist teilweise auch so, und der größte Fehler war auch, daß ich gar keine Ansichtskarten oder Fotos bei mir hatte, um etwas besser leben zu können. Wenn man so wie jetzt ganz in Serbien und Österreich usw. usw. ist, und man hat dann solche Sachen dabei, ist das immer besser. Doch komme ich nun wieder näher nach Deutschland und so brauche ich gar keine Sorgen zu haben, weil dort leicht und bequem zu reisen ist.

Samstag 24. Okt. 1931   M. v. d. Lubbe

———————

KORRESPONDENZ VON
VAN DER LUBBE

Brief Nr. 1.

Berlin, 16. April 1931

W. K.

Weil ich hier in Berlin wahrscheinlich eine Woche oder bis zum 1. Mai bleiben werde, könntest Du bitte gleich schreiben, wie alles in Leiden läuft und die zwei neuen Exemplare des Unfallgesetzes abschicken, falls Du sie hast. Wenn Du nun am Dienstag zum Postamt gehst, steck dann gleich den Brief in den Briefkasten. Dann kann ich gleich wieder zurückschreiben und, falls nötig, auch diese Adresse verlassen, wenn ich will. Meine Adresse lautet jetzt: M. v. d. Lubbe p/A Alexandrinenst. 12, Berlin (Männerheim). Was meine Reise angeht, kann ich Dir mitteilen, daß ich durchaus nach Sowjet-Rußland kommen kann, aber daß das 160 Mark kostet, und da ich diese unmöglich zusammenkriegen kann, gehe ich in ungefähr einer Woche wieder schnell nach Holl. zurück und bin in ca. 3 bis 4 Wochen wieder zu Hause. Ich bin sehr schnell hier nach Berlin gekommen. Von Leiden beträgt die Entfernung 800 bis 1000 km. Dienstag um 2 Uhr habe ich Leiden verlassen und Sonntag um 12 Uhr war ich in Berlin, also noch keine 5 Tage. Aber jetzt, wenn ich zurückfahre, werde ich etwas länger unterwegs bleiben. Das Leben ist hier überhaupt nicht teuer. Nach holländischem Geld gerechnet schläft und ißt man pro Tag sehr gut, für alles zusammen bezahlt man f 1,20, aber man verkauft umso weniger, da sie überall arbeitslos sind und Armut herrscht.

Die Bauarbeiter haben hier gerade ihren Streik verloren, vielleicht weißt Du es auch schon. Sag mal, Koos, willst Du folgendes für mich mal versuchen und den Schuttmeister fragen, Du weißt doch, Binnendeich, der in der Korte Langestr. wohnt, gleich in der Nähe von Verhoog, nur so beiläufig, wie es der Familie Verhoog jetzt geht? Und schreibe mir das dann auch kurz, machst Du das?

Mit den besten k. G.

M. v. d. Lubbe

Brief Nr. 2

Berlin, 22. April 1931

W. K.

Nun, weil ich Deinen Brief so bald bekam, denke ich, daß ich nicht länger in Berlin bleiben werde. Denn eine ganze Woche zu warten, um hier dann den 1. Mai zu feiern, dauert zu lange, deshalb werde ich morgen mit der Rückreise beginnen. Daß ich alles mögliche versucht habe, um meine Reise doch weiterführen zu können, brauche ich Dir wohl nicht zu schreiben. Über Deinen Brief war ich sehr erfreut. Was Du über die Wahlen schreibst, dazu kann ich nur bemerken, daß die Versammlungen und das Plakatieren und das Malen sicher getan werden müssen, sie aber doch das bequemste und oberflächlichste Propagandamittel für den Kommunismus und die Partei sind und daß der Schwerpunkt in die Betriebe und Stempellokale verlegt werden muß. Denn nur durch den hartnäckigen Kampf für die Belange der arbeitenden Klasse tagein, tagaus, verbunden mit dem politischen Kampf, kann sie das Vertrauen der Arbeiter gewinnen, und auch dann erst den Arbeitern ihr volles Vertrauen schenken. Was Du über die Straßenkämpfe schreibst und daß Du das nicht verstehen kannst, so rate ich Dir, Dir auch mal den im Augenblick hier herrschenden politischen Zustand vorzustellen; die einander immer schärfer gegenüberstehenden Klassen. Die Bourgeoisie, heute verkörpert in der faschistischen Partei (Hitler-Partei) und sicherlich auch in der Sozialdemokratischen Partei Deutschlands und da gegenüber steht die proletarische Klasse am Vorabend der proletarischen Revolution, verkörpert in der KPD und all den ihr hilfeleistenden revolutionären Arbeiterorganisationen. Und dann fallen die Toten sicher nicht durch das Schwert der Arbeitenden, sondern die Arbeiter, die gegen die Notverordnung Brünings und für Brot und Arbeit kämpfen, fallen unter dem Schwert des Faschismus! In Hamburg, Düsseldorf, Wiesbaden fielen sie, und sicher genauso im Kampf wie Karl Liebknecht usw. usw.: Genosse, sag doch, daß Du's verstehst und daß die Arbeiter nicht nur durch die Worte der Führer dem Faschismus Widerstand leisten werden, sondern überall in ganz Deutschland spontan als Klasse hinter der KPD — und sie jubeln ihr deshalb nur zu, was dies beweist — sich als Arbeiter für ein Sowjet-Deutschland entscheiden werden und nicht für eine faschistische Diktatur, erst recht auch im Namen der für diesen Kampf durch den mordlüsternen Faschismus gefallenen Arbeiter. Allein schon wegen dieser gefallenen Genossen ebenso wie aller unserer früheren Helden wegen sagen wir dem Kapitalismus den Kampf an. Was Deine Frage über meine Gleichgültigkeit betrifft, mußt Du mir, wenn ich wieder in Leiden bin, erzählen, was Du damit eigentlich meinst. Nun, Koos, über die Versammlung, die ich hier in Berlin besucht habe, werde ich Dir berichten, sobald ich zurück bin. Das eine will ich jetzt nur noch sagen, daß das deutsche Proletariat nach dem Vorbild Sowjet-Rußlands marschiert.

Also, Koos, Du brauchst jetzt gar nicht mehr zu schreiben.

Mit k. G., auch an alle anderen
M. v. d. Lubbe

Brief Nr. 3

Jugu Slavien — Mittwoch, 21. Oktober 1931
Werter Kamerad:

Da ich nun so ein kleines bißchen unter Arrest stehe, weil sie (die Polizei) meinen Reisepaß untersuchen wollen, ist jetzt eine gute Gelegenheit, um einstweilen den größten Teil meines Briefes nach Holland zu schreiben, auch wenn ich ihn nicht in diesem Land, sondern erst in Ungarn aufgeben und dann noch die nötigen Dinge hinzufügen werde. Du mußt mir verzeihen, wenn Du findest, daß es etwas lange gedauert hat bis Du diesen Brief bekommen hast. Ich hatte aber zuvor keine gute Gelegenheit gehabt zum Schreiben, mit der nächsten Adresse, so daß Du auch zurückschreiben konntest, weshalb ich immer wieder gewartet und es verschoben habe. Zuallererst muß ich Dir schreiben, daß mich der Autoverkehr in Mitteleuropa (Balkanländer) unheimlich enttäuscht hat und von Mitfahrgelegenheiten keine Rede sein kann. Deshalb dauerte die Reise nur nach Constantinopel schon viel länger als ich gedacht hatte: Das wiederum war nicht so schlimm, aber weil ich gegen Mai zurück sein wollte, konnte ich mir jetzt schon an den Fingern ausrechnen, daß dies unmöglich klappen würde. Ich hatte zwei Möglichkeiten. Da ich im nächsten Jahr vermutlich noch versuchen werde, über den Kanal zu schwimmen, konnte ich meine Reise nicht fortsetzen und wenn ich sie zum Abschluß bringen oder so weit wie möglich [fortsetzen] würde, kann ich mir das Schwimmen

144

abschreiben. Und weil ich mir vorgenommen hatte, wenn nur irgend möglich das Schwimmen noch mal auszuprobieren, habe ich letzte Woche in der Nähe von Sofia an der bulgarischen Grenze beschlossen, ganz ruhig nach Holland zurückzukehren.

Zuerst habe ich noch daran gedacht, mich über Rumänien nach Rußland einzuschmuggeln, aber da das auch wieder ein gewaltiger Umweg ist und man vielleicht doch schlecht über die Grenze kommen kann, habe ich mir das auch aus dem Kopf geschlagen. Ich glaube, daß dies nun so allmählich das letzte Mal sein wird, daß ich so etwas noch einmal anfange, es bringt einfach nichts mehr. So befinde ich mich jetzt schon wieder eine Woche auf der Rückreise, weswegen ich jetzt auch einen ganz anderen Weg nehme als ich gekommen bin und über Ungarn (Budapest und Wien) zu fahren gedenke. Da es jetzt eine ganz gewöhnliche Rückreise ist, mit der kein besonderes Ziel verbunden ist, werde ich mein Tagebuch wahrscheinlich nicht weiter führen. Deshalb schicke ich es Dir hier gleich mit, da ich es dann nicht mitzuschleppen brauche. Du mußt mir jedoch versprechen, daß Du's noch nicht jedem zum Lesen gibst, weil es sehr fehlerhaft geschrieben ist und erst noch völlig korrigiert werden muß, wenn es etwas vorstellen soll. Du kannst es ruhig einsehen, auch mit anderen Bekannten, die Dir vertraut sind, wenn Du willst. Weiter muß ich sagen, daß ich in Klagenfurst froh war, über all die ziemlich guten Neuigkeiten aus Holland. Auch daß Du und Marie Euch wieder vertragt, auch wenn ich nicht genau definieren kann warum. Schreib mir auch im nächsten Brief, wie es mit dem Geschäft geht. Was das Schwimmen angeht, wollte ich Dich fragen, ob im „'t Leven" vielleicht etwas darüber stand, ob sie den Preis auch für nächstes Jahr ausgeschrieben haben.

Teil mir das auch mal mit, oder falls es Dir möglich ist, schicke mir diesen Artikel über die Kanalüberquerung und das Schwimmen. In der vergangenen Woche habe ich nach Frankreich geschrieben und den holländischen Herrn um Arbeit gebeten, ob er die Antwort an Deine Adresse schicken will, also wenn Du etwas von ihm hörst, erfahre ich das wohl in diesem oder in einem der noch kommenden Briefe. Ich habe auch noch meinem Bruder Piet Peute in Voorhout geschrieben, und wenn er arbeitslos ist, kann er sich von Dir einen Sack Kartoffeln auf meine Rechnung nehmen, das hat er sicher schon getan, aber mehr sollst Du ihm nicht geben, da ich nicht mehr ausgeben kann und sie sicher bald schnell wieder zurückkommen würden.

Vielleicht weißt Du jetzt auch, wie es der Tochter meiner Schwester, „Annie Sjardijn" geht und kannst Du das auch mal schreiben. Auch ob Du noch etwas von dem Unfallgesetz gehört hast, ob ich eine Karte oder so was schicken muß, da ich jetzt weg bin. Ich werde, sobald ich Deinen Brief erhalten habe, eine Karte der Reichsversicherungsbank nach Amsterdam schicken, weil ich jetzt länger als sechs Wochen weg bin und sagen, daß ich einige Wochen im Ausland bin und spätestens Ende Dezember in Leiden zurück sein werde. Denn spätestens Ende Dezember: zu Weihnachten oder vor Neujahr werde ich wohl wieder zurück sein. Aber ich werd Dir noch vorher schreiben, so daß wir endgültig regeln können, wie lange ich in der Gracht bleiben kann. Ich kann das doch erst regeln, wenn ich Nachricht aus Frankreich über diese Arbeit habe.

Wenn Du jetzt auch das Geld hast regelmäßig bekommen können, werde ich, glaube ich, Ende November schön die Schulden abbezahlen können, oder nicht? Van Erkel und das Fahrrad von de Nijs kannst Du ganz zurückzahlen. Knuttel gibst Du f 8 und Piet Albada f 5 von mir zurück. Der Kommunist van Rooien kriegt aber nicht alles sofort zurück. Ich glaube, daß sie sagten, daß es f 22 waren, stimmt aber nicht. Gib ihnen f 12 und laß sie auf die restlichen f 10 noch warten. Also zahl die Schulden für die Komm. bis auf f 10 zurück; wenn ich dann zurückkomme, werde ich das mit ihnen schon regeln. Nun, Koos, da Du meinem Tagebuch jederzeit nachsehen kannst, werde ich nicht mehr viel schreiben. Ich muß noch etwas Papier übrig behalten, um was schreiben zu können, wenn ich diesen Brief aufgegeben habe. Du mußt mir auch mal schreiben, wie Du dieses Heftchen von mir findest. Es ist fast immer in Eile geschrieben, mußt Du wissen. Auch würde ich gerne von Dir wissen, ob in Leiden oder an anderen Orten die Arbeitslosen sich wieder rühren. Und außerdem hörte ich hier so etwas von Krieg bei Italien, stimmt das? Sicher nicht. Ich werde froh sein, wenn ich wieder was lesen kann, denn das ist hier unmöglich. Das war's für heute, mit kameradschaft. Gr. M. v. d. Lubbe.

Samstag, 24. Oktober 31

W. K.

Da ich jetzt ein Visum für Ungarn habe, kann ich diesen Brief mit dem Tagebuch jetzt abschicken.

Bitte gib dieses Tagebuch, so weit es möglich ist, nicht jedem zu lesen. Wenn Du es gelesen hast und ich zurück bin, werfe ich es in den Ofen. Schickst Du mir bitte auch nach 1 oder 2 Tagen nach Erhalt einen normalen Brief (keinen Eilbrief) und dazu auch einige der neuesten Zeitungen, normale bürgerliche, darunter auch eine Haagsche Post der letzten Woche postlagernd nach Budapest, Ungarn. Schick mir auch f 5 dorthin, wenn Du willst, und schreib mir, ob Du auch noch die Fotos aus den Haag erhalten hast.

Also, Kamerad, ich hoffe, daß bei Euch alles in Ordnung ist und ich schnell Deinen Brief abholen kann.

Mit k. G.   M. v. d. Lubbe

Brief Nr. 4

Budapest

Deinen Brief habe ich noch nicht erhalten, was aber nicht so schlimm ist, weil ich hier angeben werde, daß dieses Postamt die Post nach Hódmézóvásáhelij weitersenden soll. Ich hoffe wirklich, daß Du meinen Brief aus Wien, adressiert an die Heerengracht 98, erhalten hast.

Aufgrund bestimmter Umstände verlasse ich morgen Budapest und gehe nach Hódmézóvásáhelij. Nun glaube ich, daß ich dort noch etwas Geld brauche. Ich will Dich also fragen, ob Du noch am selben Tag, an dem Du diesen Brief erhältst, noch einmal versuchen kannst, mein Geld abzuholen. Wenn Du Montag diesen Brief kriegst, gibt es wahrscheinlich noch [Anspruch auf Geld] für 2 Wochen, hol das dann ab und schick mir einen Eilbrief zu, in den Du 2 Geldscheine zu je f 2,50 legst. Machst Du das alles auch gleich für mich, wenn es geht? Wenn Du kein Geld kriegen kannst, leg bitte f 2,50 für mich aus und schick mir dann einen f 2,50-Geldschein, das geht auch. An folgende Adresse: (Wenn Du den ersten Brief auch noch abschicken willst, kannst Du ihn auch an diese Adresse schicken) *Expreß*. An Marinus v. d. Lubbe, postlagernd Hódmézóvásáhelij, Ungarn. Falls Du's Geld kriegst, kannst Du auch den Rest der Karten „ich

148

glaube f 8,50" der Rozier Druckerei Nieuwsteeg bezahlen oder auch die Hälfte davon de Nijs für's Fahrrad geben. Du darfst natürlich auch 3 oder 4 Gulden
davon [behalten].

Grüße, Lubbe

Brief Nr. 5

Enschede, 3. Dez. 1931

Werter Kamerad,

Hiermit gebe ich Dir kurz meine Adresse bekannt,
weil Du mir dann, wenn Du was Besonderes hast, auf
jeden Fall immer noch vor Sonntag berichten kannst.
Meine Adresse lautet heute Lubbe ρ/A Pietersen,
Bombazijnstr. 5, Enschede. Aber Dienstag fahre ich
zurück, so daß [Du] nach Montag nichts zu schreiben
brauchst, weil ich's dann doch nicht mehr kriege. Weil
es jetzt schon sehr spät ist, habe ich wenig Lust noch
viel über den Textilstreik zu schreiben, wir werden,
wenn ich zurück bin, da wohl noch drüber sprechen.
Falls nun vielleicht noch vor Sonntag ein Brief aus
Budapest kommen sollte, wäre es mir sehr lieb,
wenn Du ihn gleich übersetzen ließest und mir per
Eilboten zuschicken würdest. Falls eventuell erst etwas nach Sonntag eintrifft, dann bitte für mich liegen
lassen, dann kann ich alles selbst regeln. Nun Koos,
alles Gute.

mit k. G. Lubbe

Brief Nr. 6

Montag, 1. Februar 1932

W. K.

So laß ich mal wieder etwas von mir hören. Einige
Ansichtskarten an alle Bekannten werde ich wohl
aus Wien schicken. Da es nun der zweite Dienstag
gewesen ist, an dem Du mein Geld holen konntest,

hab ich gedacht, Dir kurz zu schreiben, was Du jetzt am besten tun könntest. Erstens schien mir jetzt das beste zu sein, daß Du bei den nächsten Malen das Geld nicht mehr holen gehst, weil ich jetzt schon eine Woche im Ausland bin. Wenn du die [Raten] 2 mal bekommen hast, brauchst Du mir bloß f 10 davon abzuziehen, so wie wir's abgesprochen haben. Gib nun f 2,00 davon Jaap de Ruiter, der noch 50 Cent von mir kriegt, und die restlichen f 1,50 sind für den P.I.C. als vorläufiger Mitgliedsbeitrag. Die übrigen f 8,00 kannst Du dann so schnell wie möglich an folgende Adresse schicken. Auch den Brief an diese Adresse (an Marinus v. d. Lubbe postlagernd Weenen (Wien), Österreich. Wenn Du vielleicht nur einmal mein Geld hast kriegen können, gib Jaap dann f 1,00 und schicke mir f 4,00, und falls Du aber nichts erhalten konntest, brauchst Du mir nichts zu schicken, aber schreib mir das dann. Sonst kann ich Dir mitteilen, daß die Reise ziemlich gut verläuft. Daß ich schon ganz in der Nähe Österreichs bin und der Kartenverkauf einigermaßen läuft. Ich hab auch noch genügend von den Karten, die brauch ich also vorläufig noch nicht. Als ich Leiden verließ, ging ich erst noch einen Tag nach Dord[recht] und von dort aus zum Dorf Sprang in Brabant, wo [ich] vor 16 Jahren, als Mutter noch lebte, gewohnt habe. Ich habe da mit den Nachbarn, die noch dort wohnten, eine Stunde über alles gesprochen, die sich an alles noch ganz gut erinnern konnten. Von dort aus bin ich noch mal nach 's Hertogenbosch gegangen, zur Straße, in der wir damals nach Sprang gewohnt haben, aber dort war unser Haus schon abgerissen und es stand jetzt ein großer, kahler, langer Bretterzaun dort. Außerdem kann ich Dir noch zwei schöne komische Vorfälle erzählen, die ich hier in Deutschland unter so vielen

150

anderen gerade erst wieder erlebt habe. Vorgestern kam mir ein Globetrotter oder Tippelbruder, wie man ihn nennen will, entgegen. ,He, heil Moskau!' rief er mir zu, ,wo ist hier das nächste Kloster?' (um etwas zu essen zu bekommen, natürlich). Nun, wir fanden im Dorf eines, und gingen hinein, um etwas zu essen. Einen besseren Schauspieler als diesen Kerl habe ich noch nie gesehen. Mit gefalteten Händen sprach er über die heutigen schlechten Zeiten usw. usw. Und nachdem wir sehr gut gegessen hatten und die Schwester uns raus ließ und ich schon fast weg war, fragte er die Schwester noch, ob sie wohl noch etwas kalten oder warmen Kaffee hätte. Und dieses Wesen holte für uns wahrhaftig Kaffee. Zu zweit werde ich nie mehr gehen. Gestern erlebte ich das Gegenteil in Würzburg. Obwohl ich für das Schlafen bezahlt hatte, mußte ich doch mit allen anderen, die nicht bezahlt hatten, an einer Heilsarmeeversammlung im selben Gebäude teilnehmen. Na, das wollte ich erst nicht, aber ich mußte wohl, denn sie begannen einfach in dem Saal, wo wir uns auch aufhielten. Na, da habe ich protestiert. Nachdem sie gesungen hatten, begann so ein Pastor zu predigen. Er meinte, daß wenig Frieden unter den Menschen herrschte. Darauf sagte ich: ,Genau, seht mal nach China, oder die Notverordnungen hierzulande'. Na, kannst Du Dir vorstellen, daß es auf der einen Seite donnernden Applaus gab und auf der anderen Seite äußerste Empörung. Resultat war, daß ich weg mußte, nachdem ich mein Geld zurückbekam, worauf ich irgendwo anders geschlafen habe. Diese Tatsache brachte jedoch die ganze Wanderclique in dieser Gegend in Aufregung über viele Dinge, die man so miterlebt.

Also, Koos, ich will Dich nur noch eben daran erinnern, daß Du, wenn Du zurückschreibst, dies sofort oder anderentags tun sollst und schreib dann auch, ob Ihr von den Büchern und der Strafanzeige wegen der Fensterscheiben noch etwas gehört habt. Und auch, ob die Arbeitslosen von B. A. in Leiden noch etwas von sich hören ließen, um ihre Forderungen durchzubekommen. Und ob noch weitere besondere Dinge sich ereignet haben.

Mit k. G. M. v. d. Lubbe

Brief Nr. 7

Wien, 12.2.32

W. K.

Heute morgen Deinen Brief mit Geld erhalten. Zuerst will ich Dich kurz fragen, wieviel in holländischem Geld Du auf dem Postamt abgerechnet hast, da ich 14 Schilling sehr wenig finde. Außerdem hörte ich von Dir, daß (12.2.32) — also das ist noch heute — meine Sache zur Verhandlung ansteht. Daß ich gerne von Dir hören will, wie das verläuft, brauche ich wohl nicht zu sagen. Also, Koos, daß ich jetzt erst in Wien bin, kommt daher, daß ich kein Glück mit den Autos hatte und alles zu Fuß gehen mußte. Deshalb habe ich mir heute gleich ein Visum für Hugaria geholt und gehe auch heute noch aus Wien weg, weil alles sonst zu lange dauert. Wahrscheinlich gehe ich jetzt von Ungarn aus nach Rußland, wenn nichts besonderes dazwischen kommt. Ich muß mich jetzt mindestens 3 oder 4 Monate mit Herumreisen vergnügen. Sonst sehe ich bestens aus und ich habe unterwegs noch einen guten Wintermantel und eine Hose aufgetrieben. Du schreibst von P. v. Albada. Willst Du ihm sagen, wenn sie die Bücher: Grundprinzipien Kommunistischer Produktion und Verteilung auch in deutscher Sprache haben, ob er sie dann an folgende Adresse schicken möchte. An Fam. .... und leg

152

einen Zettel dazu, daß wir so frei sind, dieses Buch zu verschicken, aber wenn sie's nicht lesen oder eine Kritik darüber schreiben wollen und es zurückschicken, ist meine Adresse M. v. d. Lubbe, Uiterstegracht 58, Leiden, und dann höre ich wohl wieder von Euch. Also, Koos, schreib mir mal schnell wieder, wenn Du willst, denn nun kann ich bald da sein. Die Adresse lautet jetzt für Deinen Brief. M. v. d. L. postlagernd Budapest, Ungarn.

Schreib auch etwas über den Enschedeer Streik und ob Baart noch umgezogen ist, grüße ihn.

Sei k. gegrüßt.

Brief Nr. 8

19.4.32

W. K.

Wenn Du diesen Brief bekommst, sitze ich schon etwa eine Woche hier in Polen im Knast wegen Grenzübertritts. Drei Wochen habe ich als Strafe bekommen, danach gehe ich nach Holland zurück. In Jasina, Tschechoslowakei, habe ich nur Piets Postkarte erhalten, weiter nichts, wahrscheinlich ist Dein Brief abgefangen worden. Falls Du noch vor dem 27. April zurückschreiben kannst, tue das, denn ich muß hier bis zum 4. Mai bleiben. Meine Adresse ist: Stadt (Gericht) Husiatijn Mala Poloka (Polen), also nicht Poste Restante. Lieber Koos, schreibe dann auch gleich, ob Du meinen Brief aus Kodmezovasazkelij und Persburg bekommen hast und andere Angelegenheiten, falls die wichtig sind, außer über unseren Glauben. Grüße weiter alle Bekannten und Freunde.

Mit besten Grüßen M. v. d. Lubbe

Brief Nr. 9

Mittwoch, 15. Juni 1932 Nr. 25-630b.

W. K.

Wie Du am Brief merken wirst, sitze ich also von Rechts wegen in Untersuchungshaft in Utrecht, weil ich 3 Monate Gefängnis bekommen habe, wegen der Scheiben, und weil es im Polizeiregister vermerkt stand, ist das also die Ursache für meine Anwesenheit hier.

Ich kann jedoch gegen das Urteil Berufung einlegen, was aber etwas kostet, ungefähr f 1,--.

Darum wollte ich dich bitten, sofort eine Postanweisung über f 1,50 an meine Nummer 25-630 b, Adresse: Untersuchungsgefängnis Utrecht zu schikken, damit ich Berufung einlegen kann.

Weiter nichts zu berichten, daß Du gleich überweisen solltest, brauche ich wohl nicht zu schreiben, verstehst Du wohl.

K. Grüße   M. v. d. Lubbe

S.G.S. 1872 Gev. 31.

Brief Nr. 10

Gefängnis 's Gravenhage
Sonntag, 4. September 1932

Lieber Kamerad, Frau und Kinder,

da ich Ihnen nicht eher schreiben konnte, bereiten Sie mir heute die Freude, Ihnen auf Ihr herzliches Schreiben, das ich vergangene Woche dankend erhalten durfte, antworten zu können. Es war für mich eine freudige Überraschung, so schnell etwas von Euch hören zu dürfen, nicht nur aus dem Grunde, der daher rührt, daß [die] so schnell dazwischen gekommene (reichlich) lange Pause auf unsere Vergeßlichkeit keinen Einfluß hat, sondern im Gegenteil, und zweitens ein Brief immer wieder etwas aus der zurückgelassenen Welt hinüberbringt, aus der man isoliert ist (und persönlich nicht frei, um etwas für's Leben oder sonst was aufzugeben), aber gerne etwas erfährt.

So durfte ich also Deinem Brief die gute Nachricht entnehmen, daß es Euch allen gut geht und Du Arbeit bekommen hast. Wie Du auch schreibst, sind wir Proletarier eigentlich auf alles eingestellt, was auch passiert, gutes oder schlechtes, sind wir damit einverstanden oder nicht, was es nun einmal gibt, hat sein „Sein", seine Wahrheit, und kann hart oder sanft sein und alle Menschen erfahren dies durch ihr eigenes Dasein und müssen sich so wie alles, was lebt und existiert, darauf einstellen. Doch ist das „Sein" der Menschen verschieden und die Dinge, die sich ereignen und die da sind, also die „Wahrheit", können ihnen unmäßig hart oder sanft erscheinen, aber dann muß ihr früheres „Sein" auch mit dieser Seite überein[stimmend] unmäßig gewesen sein. Wir dürfen ruhig messen und rechnen, aber gut und schlecht, weich und hart, das Ergebnis bleibt doch immer das Sein und da stellen wir uns drauf ein für ein weiteres Sein. Bah! Mein Brief an Dich ist doch recht langweilig geworden und ich mach schnell mit all diesem Sein und Einstellen Schluß. Ich will noch sagen, daß das von den Kaufleuten wirklich eine starke Leistung ist, solche Vagabunden, die sie sind. Am 2. Oktober komme ich hier raus, da die ersten neun Tage abgezogen wurden. Doch am 3. Oktober bin ich vermutlich erst zu Hause.

Allen viele und die besten Grüße
Rienus

Gefängnis 's Gravenhage, Sonntag, 18. September 1932
  W. K.

Herzlichen Dank für Ihren Brief, den ich in ebenso
guter Gesundheit und Freude erhalten durfte wie den
heutigen Antwortbrief an Euch. Ich glaube, daß mit
der Entlassung oder dem Freikommen der Menschen
hier die Gemütsstimmung in diesem Augenblick und
auch bei der Rückkehr doch sehr verschieden sein
muß, was Zeit und Art des Verkehrs mit draußen anbelangt, die sie hier gesessen haben. Ich für meinen
Teil empfinde nun auch schon eine Veränderung hierin, daß ich mich, wenn ich nach Leiden komme,
über verschiedene Dinge nicht zu wundern brauche,
wie zum Beispiel auch über ein Wiedersehen im Vergleich zum Abschied.

Aber wir sind noch nicht da, nur Geduld, alles verläuft ganz pünktlich hier. Doch wenn nicht alles
täuscht, ist (da ich etwas spät nach Hause komme)
der auf den 3. Oktober folgende Tag ein Feiertag mit
all den Unregelmäßigkeiten im Vergleich zum Werk-
tag. Deshalb bin ich überhaupt noch nicht sicher, ob
ich überhaupt, oder zu welcher Zeit ich wenigstens
in die Stadt kommen werde.

Deshalb sollt [Ihr] nicht mit mir rechnen, obwohl
ich Ihnen aus kameradschaftlichen Gründen dankbar
bin. Das „Glück", die Zimmer zu verlieren, ist doch
nicht dasselbe wie die Arbeit zu verlieren, aber Du
sagst „die Krise". Oh ja! und mit hellem Kopf, Lohn-
einbuße ist das „Ergebnis" davon. „Ja, ja, so ist das
und dann hat jeder andere auch noch seine Meinung."
Ich bin damit nicht ganz einverstanden, daß die Einstellung eine Maskerade sein soll; die (oder unsere)
Einstellung, als Begriff, wie wir es verstehen als Aus-

wirkung oder Leben der Dinge in tausenderlei Form untereinander und wie mein „Bewußtsein", wie ich das einsetze, das kann niemals Maskerade sein. Nun, wir können vielleicht noch ein andermal darüber palavern, aber im Augenblick wartet gerade der Briefkasten. Wenn Sie noch einmal schreiben, schreiben Sie dann auch, ob noch Post für mich an die Gracht gekommen ist. Grüße auch Baart mal, wenn Du willst. Schöne Grüße an alle

Rienus

BRIEFE AUS DEM BERLINER GEFÄNGNIS NACH DER VERHAFTUNG ANLÄSSLICH DES REICHSTAGSBRANDES

Brief Nr. 12

Gef. B. Nr. 7599   Berlin NW 40, den 10. März 1933
   Simon,
   Da ich nicht richtig Deutsch schreiben kann, schreib ich Du plus [bloß] und paar Zeilen. Könntest Du in Rücksprache mit Jacobus Vink dem Vorstand der Reichsversicherungsbank schreiben, daß ich, obwohl ich in Deutschland bin, J. Vink dennoch ermächtige, meine Rente empfangen zu dürfen. Diesen Brief können [Sie] mit dem Antrag auch als Beweis vorzeigen. Schicken Sie mir weiter f 1,00. Mir geht es sonst gut. Liebe Grüße

M. v. d. Lubbe

7599 Alt Moabit 12a

Harteveld   Berlin, 25. März 1933
  W. K.

Es macht mir ein Vergnügen zu erfahren, daß Sie
sich bereit erklärt haben mir helfen zu wollen, ich
nehme dieses Angebot an und möchte deshalb um folgendes fragen.

Dank für Deinen Brief und Ihre Hilfe beim Nach-
senden der 3 Mark und dem Briefchen von Koos, die
ich empfangen durfte. Was nun das Sparbuch auf
meinen Namen betrifft, so ist das ausgeschlossen und
braucht nicht zu sein. Koos kann nach wie vor wö-
chentlich abheben. Wie Ihr beiden das zwischen Euch
regelt: Während unsere gewohnten f 2,50 jetzt immer
1 Gulden 50 betragen, bleiben für ihn dann stets die
44 Cents für das Fahrradunterstellen und seine Be-
mühungen übrig. Ferner können Sie Koos sagen, mit
dem Rest zuerst Rozier, Erkel, Steenstraat mit f 1,00,
De Ruiter mit f 5,00; De Nijs, Noordeinde mit f 1,00,
und wer sonst noch etwas von mir zu bekommen hat,
abzubezahlen. Auch Sirach, Rotterdam, kriegt f 5,00.
Ferner wäre es mir lieber, daß Du meinem Bruder
sagst, daß sie nicht zu vermitteln brauchen. Wenn
das erledigt ist, höre ich wohl von Dir.

Ich schreibe hier noch eben zwei Briefchen an meinen Bruder und an Koos. Ferner möchte ich hoffen,
daß es Euch allen ebenso wie mir gut ergehen möge.
Ich bin wohl etwas weit weg, aber das scheint nur so.
Ich will hoffen, daß es Ihnen nicht lästig ist, das für
mich zu regeln — und im voraus meinen Dank. Weiter
grüße herzlich Deine Frau, Kinder und Freunde zurück. Sim, auch Dir die besten Grüße.

                    M. v. d. L.
Willst Du auch meinen Bruder F. C. grüßen

Koos,

Brief empfangen — Dank. Harteveld soll alles Weitere mit Dir ein bißchen regeln, falls Du auch einverstanden bist, daß nun f 1,50 abgehen. Das wirst Du wohl sicher tun. Meine besten Grüße dann auch zurück, auch an die anderen, ebenfalls Jan. Koos, es gibt doch keinen feststehend bleibenden Punkt. Also leben, alles geht weiter, vorwärts.

Rinus, Berlin

Lieber Jan,

Deinen herzlichen Brief mit Dank empfangen. Du sollst aber nicht mehr über die Tat schreiben. Das geht doch nicht. Später schreibe ich wohl noch etwas mehr. Bei mir ist alles in Ordnung. Meine herzlichen Grüße dann auch zurück, auch an alle anderen, die gegrüßt haben mögen, möge alles gut gehen.

M. v. d. L.

Brief Nr. 11

Berlin, 7. April 1933

Lieber Kamerad,

herzlichen Dank für Deinen Brief, den [ich] ungekürzt empfangen durfte. Daß Sie meinen letzten Brief noch nicht erhalten haben, ist schade, aber vielleicht ist der jetzt schon ausgetragen. Also, ich habe noch geschrieben, ob Du in Rücksprache mit Koos Geld regeln kannst und damit dann meine Schulden zuerst an Jansteenstraat, Ronier, Erkel, De Wijs Noordeinde und de Ruiter bezahlen [kannst], während wir später schon weiter sehen werden. Ich habe hierbei noch Piet Alberda vergessen, der auch noch f 5,00 kriegt, während Du mit dem Zimmer jetzt selbst handeln kannst, anstelle von f 2,50 lieber f 1,50. Ich leg hier schließlich noch eine kurze

Notiz für die Reichsversicherungsbank hinzu, welche vielleicht noch von Nutzen sein kann. Genosse, ich las auch noch von Dir über die Presse. Ach, das ist doch nicht so verwunderlich. Die Presse verfügt doch über die Presse und schreibt dann doch so wie es ihr am besten in den Kram paßt. Und nicht nur die Führer, nein, wir Revolutionäre sage ich, wir alle, alles hat Schuld. So gelangen wir stets selbst zur Einsicht und auch die Massen treten in Erscheinung. Dann fühlen wir's beim Zerschlagen, wenn wir uns zusammentun und aufbauen. Es ist das Bewußtsein und die Taten, was war, was jetzt ist und was kommen wird, was dann wieder arbeiten kann, indem es wiederersteht.

Oh, Arbeit

Nicht die Parteien

Nicht die Behauptungen

Nicht die Worte

Nicht das Sein

Leben oder sterben

Gewinnen oder verlieren

Es ist alles eins

Recht oder Wahrheit

Macht keinen Unterschied

Ohne Arbeit gibt es nichts

Arbeit allein kostet das ganze Leben.

Leben ist deshalb Arbeit allein.

Gr[üß] Du auch Bruder Jan, Du bist auch herzlich gegrüßt ebenso wie Frau und Kinder.

Rienus

Berlin, 7. April 1933

Vorstand

An die Reichsversicherungsbank
in Amsterdam

Sehr geehrte H.

Würden Sie bitte trotz der Tatsache, daß ich in Deutschland bin, dem von mir ermächtigten Koos

Vink, Heerengr. 98, Leiden, dennoch die Vollmacht
erteilen, meine Rente in Empfang nehmen zu dürfen.
Schicke diesen Brief über Leiden.

Verbindliche Gr.

M. v. d. Lubbe

Brief Nr. 15

Berlin N. W. 40, den 14.4.1933

Lieber Simon,

Es war gut, Dir einfach mal zu schreiben, nachdem
ich Deinen Brief bekam, danke, zuerst muß ich Dir
doch einmal schreiben, wie fein ich Deine Kameradschaft und Hilfsbereitschaft finde, beim Lesen Deines
Briefes sehe ich Dich wie früher wieder zum Bruder
gehen und alles andere regeln. Es ist nicht nur Dankbarkeit, bei weitem nicht, das weißt Du doch wohl,
es ist die Feststellung dieser Tatsache. Du hast dann
auch vollkommen recht, wenn Du schreibst, daß
wenn ich etwas brauche, es eigentlich selbstverständlich ist, Dich zu fragen. Doch nun zur Sache gekommen, muß ich Dich bitten, daß Du das mit dem Zimmer doch nicht wirklich meinst. Sicher, ich benutze
es nicht mehr, aber wie es Deine Frau doch auch
sagt, habe ich doch nicht gekündigt und könnte zurückkommen. Weil Du die Zeit, die ich weg bin,
darüber frei verfügen kannst, haben wir doch auch ab
Februar nun f 1,50 ausgemacht. Ich würde ganz
gerne wollen, daß solange ich weg bin und es durch
die Einnahmen möglich ist, dies weiter so zu halten
(auch wegen der Adresse usw.). Du willst mir doch
nicht kündigen, dann wirst Du es also wohl gut
finden wollen, vielleicht schreibst Du mir das mal.
Außerdem tut es mir gut, daß so wie ich auch viele
andere das Geschehen so sehen. Ich wollte Sie noch
fragen, ob Du mir mal nur schreiben würdest, wie

161

Leiden insgesamt den Bericht aufnahm, ich meine den allgemeinen Eindruck oder die Meinung, die ich auch bei anderen Dingen typisch und wichtig fand. Sonst will ich Dir noch schreiben, Essen und Schlafen ist hier gut und mir geht es gut. Nur hat es den Anschein, als ob [ich] allmählich schlechter sehe, meine Augen werden jedoch behandelt. Ich darf hoffen, daß es Euch sonst auch gut geht. Grüßt Du bitte auch Familie Van Zijp und Rie von mir, hier außerdem noch ein paar Zeilen für Wim Jopie. Also, Simon und Frau
Herzliche Grüße

Liebe Wim und Jopie,
Ich schreibe erst Wim, weil er doch der Größere ist, ist es nicht so? Wollt Ihr es mir glauben, daß ich vorige Woche zufällig daran dachte, Euch zu schreiben und zwar Jopie. Als Wim krank war, kriegte er von vielen 'ne ganze Menge. Jopie fand das damals nicht arg, denn Wim war ja krank. Nun kriegt Ihr jedoch jeder f 1,25 zusammen f 2,50, zum Sparen oder als kleines Geschenk ... Ja? Tschüß!

Rinus

Brief Nr. 16

Berlin, 18. Mai 1933
Lieber Kamerad,
Mir geht es gut und herzlichen Dank für Ihren Brief, dem ich entnahm, daß [es] Euch allen auch gut geht. Heute und immer schreib ich gleich nach Erhalt Deiner Briefe meistens zurück, aber Du mußt wissen, daß hier das Übersetzen, Nachlesen, Genehmigen und wieder Weiterleiten immer einige Zeit erfordert.

Heute wird dieser Brief ein langweiliger Brief, ich kann nichts anderes tun als auf vieles Altes erst wieder antworten anstatt von neuem wieder fortfahrend weiter schreiben zu können. Sim, Koos braucht mir für's erste, ohne daß ich schreibe, kein Geld zu schicken. Auf Deinen Brief vom 30. März über die Presse und Führer und auf Deinen Brief darauf vom 2. April habe ich sofort geantwortet, und es tut mir wirklich leid, wenn Du weder den einen noch beide erhalten hast. Zu dem Ersten will ich nur sagen, daß es eine allgemeine Antwort mit einem Gedicht über die „Arbeit" war. Es ist nicht so fürchterlich schlimm, wenn Du [sie] nicht erhalten hast, denn [sie] war noch nicht ausreichend deutlich.

Aus den 2 Briefen muß ich daraus nur meine ausführliche Bitte eben in Kürze wiederholen. Ob Ihr jetzt nicht die Zimmerkosten so lassen wollt, solange durch meinen Rentenbezug möglich ist, aber sicher solange nicht wieder vermietet ist und Koos mein Geld erhält, und dann könntest [Du] doch noch weitermachen, da Du jetzt doch mit Koos ab März bloß f 1,50 (weil für das Alte) bis heute, jetzt aber schnell und weiter regelmäßig, zu verrechnen brauchst, dieses lediglich, weil ich nicht da bin und [Du] dafür über das Zimmer frei verfügen kannst. So wäre [es] am besten und [ich] kann nur hoffen, daß es auch Deine Meinung ist. Ich habe auch Frans schon 2 mal (insgesamt 3 mal) nach seinem Brief vom 8. April und Cor 1 mal geschrieben, schreib ihnen das und grüße [sie] und sag ihnen, daß ich es besser finde, wenn sie nicht kommen, nicht nur sie, sondern im allgemeinen von jedem Besuch abrate. Teil mir dieselben Zeilen wörtlich mit und auch, ob Du [sie] weitergeleitet hast. Auf die Gründe habe ich in Briefen hingewiesen, später komme ich noch mal darauf zurück. Wird aussichtslos, wenn man so schreibt. Sollen diejenigen glücklich sein, die nicht vorwärtskommen wollen und hiervon [nichts] wissen durften. Außerdem K: über Spione oder so etwas mache Dir nicht zu viele Sorgen, alles ist so klar wie Kristall. Laß Dir von Koos f 1,50 geben, das ist für all das Porto (Brüder, ich usw. haben kein Taschengeld übrig) und schicke meinem Vater f 7,00. Lieber Sim, Frau und alle, all meine Grüße zurück. Rienus

Wim und Jopie, auch Euer Brief ist vielleicht nicht an[gekommen]. Ich hatte geschrieben, als Wim krank war, kriegte er 'ne ganze Menge. Jopie fand [das] nicht schlimm, jetzt kriegt jeder von Euch f 1,25, zusammen f 2,50 zum Sparen oder für Geschenke. Sag Vater dann, das machen wir dann mal, na, wenn's geht, damit [wenn] Wim gesund ist und alle gleich sind.

Tschüß, Rienus

Brief Nr. 17

Berlin, 19. Mai 1933

Lieber Kamerad,

Nachdem ich gestern nicht mehr habe schreiben können und heute noch über ein paar Dinge nachgedacht habe, will ich Dir diesen eben doch noch schnell schreiben. Ich dachte gerade, daß Ihr jetzt vielleicht die aufgetragene Liste mit den Zahlungsanweisungen gerade schön erledigt, womit ich jetzt noch kurz zwei Überweisungen zu den für Vater f 7,00 von gestern hinzufügen will.

Du brauchst Dir nicht die Mühe zu machen und mir zu schreiben und zu berichten oder so, Du kannst höchstens schreiben sagen, wenn Du willst, wie weit Du in der Reihenfolge der Liste gekommen bist. Ich wollte noch fragen, ob Ihr Familie Peute, Heerenlaan, Voorhout, f 5,00 schicken könnt und dann die ersten f 10 oder f 15, die nach all diesem hier kommen, nach Borgoo-Winterbest, Cafe Alcasar, Calais Barageus (Sangotta) in Frankreich schicken und fragen könnt, ob die Postanweisung an die richtige Adresse und zur richtigen Person gekommen ist. Und daß der Rest wahrscheinlich in ein paar Monaten (wahrscheinlich) weiter kommt. Danach kommt dann erst was anderes, was ich dann noch angeben kann (wenn Frans, der ohne Arbeit ist, vorbei kommt, grüsse ihn und frag ihn, ob er f 5,00 zu Pfingsten und für die Kinder und für Cor f 2,50 mitnehmen will und gr. sie), diese beiliegenden Briefe kannst Du auch mit der Post verschicken.

Meine h. G. an Sim und alle   Rienus

Brief Nr. 18

Berlin NW 40, den 8. Juni 1933

Lieber Kamerad

Ich will Ihnen heute lediglich einige Worte schreiben, ich habe schon so viel geschrieben, aber ich weiß doch nicht, ob es ankommt. Ihre letzten Briefe habe ich entgegennehmen dürfen und herzlichen Dank dafür. Ich hatte bereits auf Deinen Brief mit der Unterschrift für die Kinder geschrieben, habe bereits auf Ihren letzten Brief [vom] 10. Mai über diesen Besuch geantwortet (aber nicht zu viele Sorgen, denn alles liegt auf der Hand und es gibt wenig Arbeit für so etwas wie einen Spion) und [ich] schreibe jetzt nur noch einmal ein paar Dinge neu auf.

Ich habe einen Brief von meinem Bruder J. bekommen, worin er viel über die Regelung schreibt, doch dies ist schon entschieden und über Tatsachen vor ihrer Zeit (wie Sparbuch usw. usw.) brauchen wir nicht zu sprechen. Ich habe K. Vink telegrafiert ob er ab März Euch f 1,50 auszahlen wird, ich habe ihm auch schon geschrieben, und wieder gefragt alles da stehenlassen zu dürfen usw. usw. Sonst wirst du es sicherlich gut finden, wenn alles bei dir steht, solange du das Zimmer nicht vermietet hast. Mein Bruder schreibt noch über Klamotten, die ich hatte.

Es ist alles unwichtig und die Gedanken darüber müssen weg, vielleicht kannst du dies J. L. mitteilen. Die paar Bücher die ich besitze, stehen für jeden der zufällig vorbei kommt zum Lesen zur Verfügung, und jeder der ein bestimmtes Buch gut findet darf es behalten. Der Rest kann stehen bleiben oder weggetan werden. Die Trommel und ein paar kleine Dinge könnt Ihr behalten. Wenn die Trommel nicht benutzt wird, dann gebt sie doch Baart, wenn der nicht will, dann erst an Jan L., denn er benutzt sie doch nicht. Dann nur noch Tisch, Stühle, ist ja nicht viel. Darf Jan haben, falls es etwas wert ist, sonst Ihr oder laßt's stehen oder tut's weg.

Das Tuch ist für den, der es braucht, es kann, wenn's sein muß, ganz dieselbe Farbe ergeben.

Ich habe weiter einen Brief vom Bürgermeister über die Krankenhauskosten bekommen, diesen zurückgeschickt und kann nicht ohne die geringste Untersuchung oder Verantwortung unterschreiben.

Desweiteren mußt Du für Dich mit Koos f 1,50 für alle Portokosten verrechen, da bleibt kein Taschengeld übrig. Brüder, K. und usw. Die f 15 für Borgoo, Winterbest, Cafe Alcasar, Bargeus (Sangotta) (Calais) in Frankreich sollst [Du] ruhig zuerst schikken. Bericht ist nicht so nötig, bloß schreiben, wie weit Du mit der Liste bist. Mit mir bestens und viele

Grüße an Deine Frau, Freunde, KV, alle K[ameraden]
und an Dich

M vd L

(Gr. auch Bruder J, F und Cor. Ich habe ihnen geschrieben, aber werde's noch mal machen).

Marinus van der Lubbe

Eine Erklärung, die v. d. Lubbes „faschistische" Neigungen widerlegt

Die erste Seite von v. d. Lubbes Tagebuch

Woensdag 15 Juni 193?

W.K.

Zoo als je aan den brief kunt merken, ben
ik thans in Huis van Bewaring te Utrecht
terecht gekomen, wegens ik tot 3
maanden gevangenisstraf veroordeeld
ben, voor dien trouwen, en al zoo
daarnet al in Politieblad genoteerd
stond, welke de oorzaak van mijn
aanwezigheid hier is.
Ik kan echter zeggen het
vonnis in verzet komen
welke echter eenige kosten
ongeveer f 1,00 mee brengt.
Daarom wilde ik je vragen
of je direct een postwissel
op wil sturen
van f 1,50 voor mij, No. 25.
67° ieders aan Huis van Bewaring Utrecht
zoo dat ik in verzet kan gaan.
Verder heb ik niet geen
bizonderheden meer, dat
je spoedig zendt, hoeft ik niet op aan te
dringen en begrijp je wel. Groeten
Kameraad hopelijk M. v.d. Lubbe

Brief aus dem Gefängnis von Utrecht

Name des Briefschreibers:

M. v. d. Lubbe

Gef. B. Nr. _7599_
(Bei allen Gefangenen anzugeben)

Berlin NW. 40, den _8 Juni_ 19 _3_.
Alt-Moabit 12a

Gelesen:

Beste Kameraad.
Ik wil u heden slecht even
enkele woorden schrijven,
ik heeft al zoo veel ge-
schrijven, maar weet
tock niet of terecht kom.
U laatste brieven heeft
ik mogen ontvangen en
hartelijk dank daar voor.
Ik had al reeds geschreven
't je brief met onderschrift
van de kinderen, heeft reeds
al gedaan op uw laatste
brief van 10 Mei. over
je das bezoek (maar niet
te veel bezorgd, want alles
is even duidelijk zij, en is weinig
werk voor als als spion) en schrijf
me nog even slechts paar

Brief aus dem Berliner Gefängnis

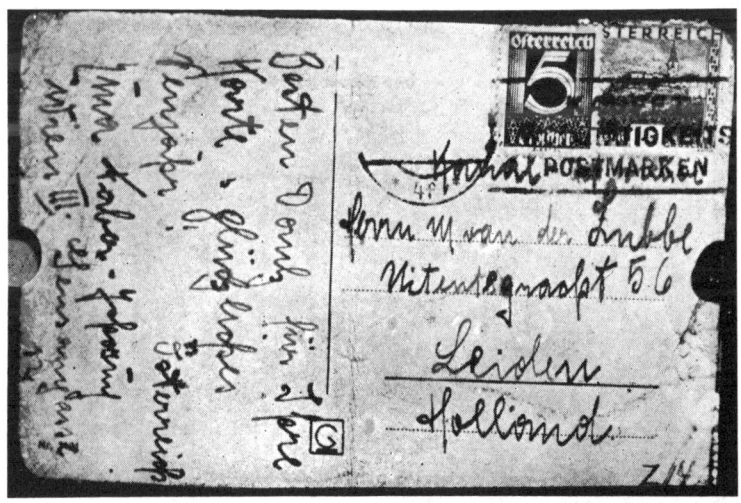

Drei Empfangsbestätigungen über v. d. Lubbe
geschicktes Geld

Postkarte an v. d. Lubbe von der österreichischen
Kanalschwimmerin.

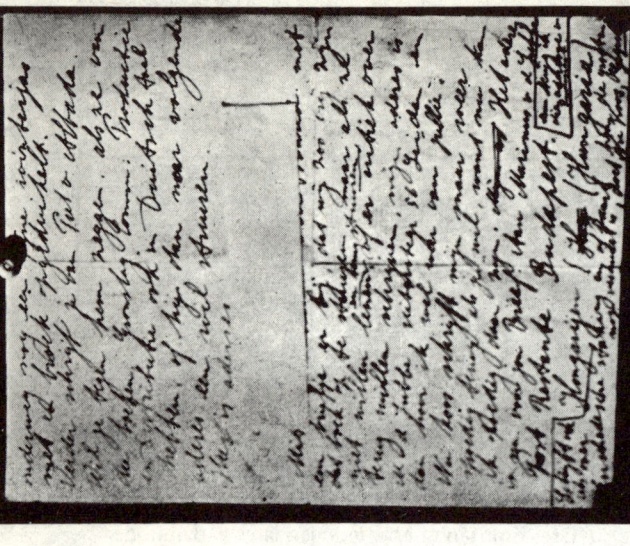

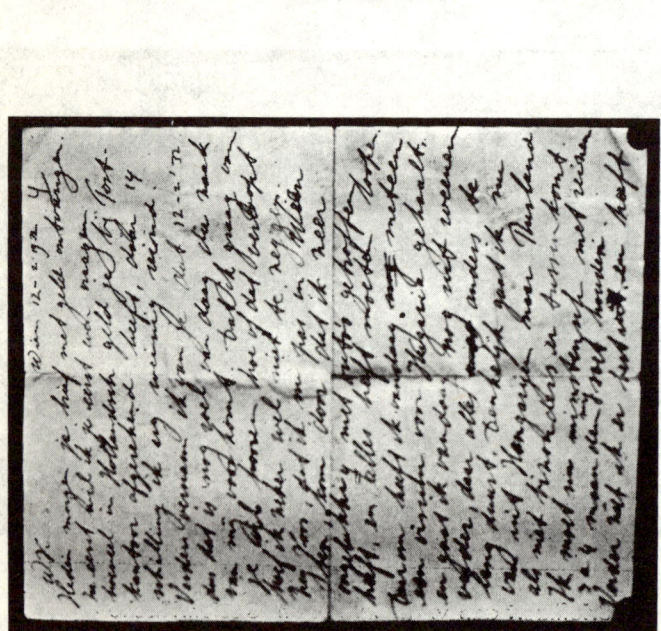

Charakteristischer Brief von v. d. Lubbe. Die in diesem Brief genannte Adresse ist von uns im Zusammenhang mit der heutigen Situation in Deutschland überklebt worden.

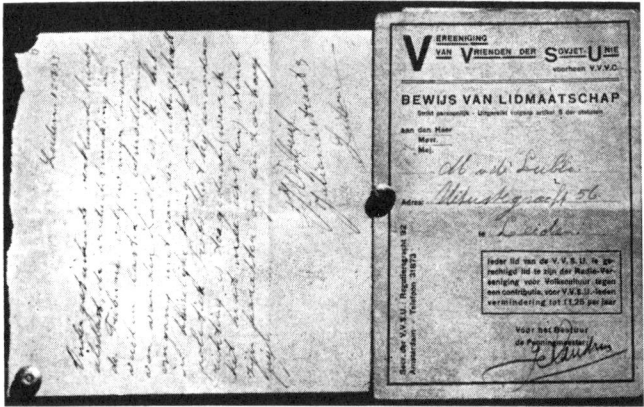

Eine Erklärung der Arbeiter an die Adresse der „Tribune" und
v d. Lubbes Beweis der Mitgliedschaft in der VVSU (Verein der
Freunde der Sowjetunion)

Die ungarische Freundin

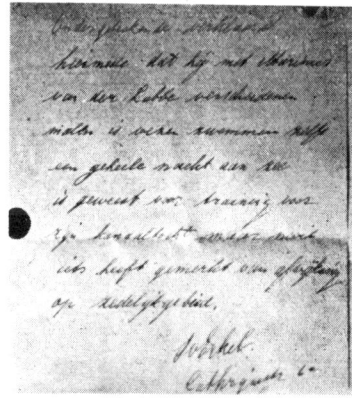

Erklärung von v. Erkel

ANMERKUNGEN

Amstel 85	Büro der CPH
CPH	Communistische Partij Holland
F / Fl	H. Fl. = 1 niederländischer Gulden
„Freie"	Zeitschrift „Der freie Sozialist" (anarchosyndikalistisch) ist hier gemeint
GIC	Groepen van Internationaale Communisten/Gruppen internationaler Kommunisten, Rätekommunisten, siehe Gorter, Pannekoek, Rühle
Haarlemmermeer	Trockengelegter See nahe Amsterdam
KAPN	Kommunistische Arbeiders Partij in Nederland. 1921 durch Gorter gegründet, Schwesterpartei der KAPD.
LAO	Linksche Arbeiders Oppositie (Linke Arbeiteropposition)
t'Leven	Populäre Zeitschrift
NAS	Nederlandse Anarcho-Syndikalisten, ältester Gewerkschaftsbund der Niederlande
NSBO	Nationalsozialistische Betriebsorganisation
P. I. C.	Persdienst Internationaale Communisten (Pressedienst der internationalen Kommunisten)
RGO	Rote Gewerkschaftsopposition
SDAP	Sociaal-Democratische Arbeiderspartij
SDP	Sociaal-Democratische Partij, 1909 unter Pannekoek und Gorter von der SDAP abgespalten

Spartacus	Organ der LAO, rätekommunistisch orientiert
Westland	Gebiet zwischen Den Haag und Rotterdam mit großen Gewächshauskulturen
Wolffberichte	Berichte des Wolffschen Telegraphenbüros, siehe u.a. „Braunbuch" S. 87.
WAO	Werkloozen Agitatis Comité (Arbeitslosen-Agitationskomitee), Organ: „De Werkloosheid" Afd. Leiden.

INHALT

NEUE PERSEPEKTIVEN IN POLITIK UND KULTUR

Gianfranco Sanguinetti
Über den Terrorismus und den Staat
Ein Essay über den italienischen Terrorismus und die Krise der Macht. Im Anhang: Brennt der Reichstag?
Deutsche Erstausgabe. Paperback, 116 Seiten,

Guy Debord
Die Gesellschaft des Spektakels
3. Auflage. Englisch Broschur, 121 Seiten,

Raoul Vaneigem
Handbuch der Lebenskunst für die jungen Generationen
3. Auflage. Paperback, 290 Seiten.

Subrealisten Bewegung
Jetzt! Ein subrealistisches Manifest
Originalausgabe, Paperback, 172 Seiten,

Jean-Pierre Voyer
Untersuchung über die Natur und Ursachen des Elends der Menschen
2. Auflage. Paperback, 105 Seiten,

E D I T I O N   N A U T I L U S

Franz Jung Werke bei Edition Nautilus

Band 1/1 Feinde ringsum / Prosa und Aufsätze 1912-1963. Erster Halbband bis 1930.

Band 1/2 Feinde ringsum / Prosa und Aufsätze 1912-1963. Zweiter Halbband bis 1963.

Band 2 Joe Frank illustriert die Welt / Die Rote Woche / Arbeitsfriede

Band 3 Proletarier / Arbeiter Thomas (Nachlaßmanuskript)

Band 4 Die Eroberung der Maschinen. Roman

Band 5 Nach Rußland! Aufsatzsammlung

Band 6 Die Technik des Glücks * Mehr Tempo! Mehr Glück! Mehr Macht!

Band 7 Theaterstücke und theatralische Konzepte

Band 8 Sprung aus der Welt / Expressionistische Werke

Band 9 Abschied von der Zeit / Dokumente * Briefe * Autobiographische Skizzen

Band 10 Gequältes Volk. Ein Oberschlesien Roman (Nachlaßmanuskript).

* Fritz Mierau. Leben und Schriften des Franz Jung. Eine Chronik. Sonderdruck aus Band 1/1.

* Jeder Band ist mit einer Einleitung versehen. Die Erscheinungsweise der einzelnen Bände folgt nicht unbedingt ihrer numerischen Zählung. Die Bände sind sowohl in einer Paperback als auch in einer gebundenen Ausgabe lieferbar. Änderungen der Zusammenstellung wie auch Erweiterung der Auswahl bleiben vorbehalten. Subskriptionsnachlaß bei Abnahme aller Bände beträgt 10 % vom Ladenpreis.